# Con e de curcuspín

Mario Obrero

# Con e de curcuspín

## Cartas a las lenguas

EDITORIAL ANAGRAMA
BARCELONA

Esta obra ha recibido una ayuda a su creación del Ministerio de Cultura a través de la Dirección General del Libro, del Cómic y de la Lectura.

*Ilustración*: © Mario Obrero

*Primera edición*: *abril 2025*

Diseño de la colección: lookatcia.com



ISBN: 978-84-339-2950-1
Depósito legal: B 180-2025

Printed in Spain

Especialidades Gráficas Editoriales, S. A., Carrer de Rois de Corella, 12
08025 Sabadell

Estimar és dibuixar mapes.

ÀNGELS GREGORI

Pequena occidental,
confías na historia das palabras
porque nunca puideches confiar na dos homes.

ALBA CID

Distantzia da nire lekua.

MIREN AGUR MEABE

Pero güei recibes una carta
con nomes d'otros sitios,
con rostros que te quieren na distancia.

BERTA PIÑÁN

Vivo en la dialéctica de lo que desconozco como quien abre el pan sin noticia del trigo y lo rellena con la mermelada en la que se han diluido los libros escritos en lenguas que ignora.

GUADALUPE GRANDE

# QUERIDO CASTELLANO

## La Alhóndiga

Getafe, capital del sur.

El cartel que siempre has visto a la entrada del municipio. La consigna descolorida de una periferia que reclama ser capital de algo, aunque sea de la precariedad. A pocos kilómetros, Móstoles también se declara capital del sur. Ante la disputa por las glorias locales, surgen otros méritos con que saciar el orgullo. Getafe contiene, por ejemplo, el centro geográfico de la península ibérica. De poco vale el arreglo: Pinto se autoproclama ombligo peninsular. A pesar de esa postilla cartográfica, ni Pinto ni Getafe –como cualquier Mislata, Llugones, l'Hospitalet de Llobregat, Barakaldo o Bertamiráns del mundo– son centro poderoso de nada. Lejos queda el pedigrí de cuanto vive relegado a un margen.

Ahora cruzas como tantas veces camino al tren por el paseo Alonso de Mendoza. Entre plátanos de sombra y bancos, esta calle del barrio de La Alhóndiga es una arteria que desangra diariamente fuerza de trabajo. Manos y cuerpos cansados se dirigen hacia Madrid, el centro.

El barrio de La Alhóndiga son también palabras y ruidos articulados al aire que se engarzan para tejer una gran conversación. Solo hace falta recorrer unos metros para escuchar búlgaro, rumano, chino o árabe. Esta última lengua da nombre a Getafe, el árabe **jata** –'algo largo'– alude al camino principal que conectaba Toledo con Madrid. La ciudad nacía ya determinada al tránsito, un no lugar por donde acarrear cuerpos y mercancías. También el árabe da nombre a La Alhóndiga, en referencia a las casas públicas de compra y venta de cereal. Almacenamiento de grano convertido en almacenamiento –tras pequeñas ventanas y toldos verdes– de la clase obrera.

Al pasar por el bar Davila imaginas a cualquier gallegohablante sonriendo; en galego, **da vila**[1] es algo que pertenece al vulgo. La madeja fonética en marcha. Ni siquiera en el sur de Madrid existe el monolingüismo. Toda idea con el prefijo mono- está abocada a la limitación y la exclusión; así los monopolios, los monocultivos, el monoteísmo e incluso la monogamia. Vienes de una estirpe sin blasón donde se ha hablado castellano durante los dos últimos siglos, naciste en una tierra que reivindica el español neutro, un hablar normal, sin acento. Este relato de la neutralidad es completamente falso. Si cada persona es y vive de modo diferente, su relación con las lenguas no puede darse en un marco normativo. Nuestra vivencia significa siempre un idiolecto, la enunciación propia que empatiza y se comunica con los extrarradios que habitamos, los lenguajes **da vila**.

Sorprende que las lenguas del Estado despierten interés fuera de sus territorios. Se asume como una curiosidad, una particularidad o, como mucho, una proeza a la

1. De la villa.

que mirar con lupa. Sin embargo, ¿cómo no va a aprender asturianu o català alguien que pasea por calles políglotas de Getafe y oye decenas de lenguas distintas a la suya? ¿Cómo no van a hermanarse las consideradas periferias lingüísticas con las barriadas que madrugan en el andén? Un Estado no es solo un invento del siglo XIX que parcela montañas y ríos en unidades administrativas. Un estado en minúscula es la forma física que algo cobra, su manera de ser percibido. De la mayúscula a lo minúsculo, el Estado español podría entrar en la categoría de estado líquido o gaseoso. Con bastante frecuencia, incurre en el estado de descomposición. Desde su origen, un Estado más bien sólido de lo español ha intentado estrujar las lenguas propias hasta convertirlas en paisaje, plato gastronómico o dato curioso. En este Estado-estado, lo pequeño acaba por aliarse con lo diminuto, se urden necesarias alianzas entre los privados de palabras, recursos, identidad y libertades.

Llegas a Getafe Central para montarte en el tren. La línea de tu ciudad es la C-4, que va desde San Sebastián de los Reyes a Parla... Parla..., **parlar!** La lengua, azarosamente, formula posibilidades fecundas. A tan solo veinte minutos de casa, una ciudad coincide con el verbo catalán del habla, el idioma... ¿Cómo van a estar lejos las lenguas del Estado si impregnan nuestras realidades vecinas? La poeta Maria-Mercè Marçal acertó al escribir **és perquè et sé germana que puc dir-te estrangera. / [...] / és perquè et sé estrangera que puc dir-te germana.**[1] Todo aquello que parece extranjero, alejado de nuestro mundo, es en verdad hermano, a nada que sepamos apreciarlo.

1. Es porque te sé hermana que puedo llamarte extranjera. / [...] / es porque te sé extranjera que puedo llamarte hermana.

Pretender la neutralidad a la hora de hablar, abolir el acento o las palabras propias sería uno de los mayores desastres de nuestro tiempo (y no son pocos). Renunciar a la lengua otra es la antesala para anular el pensamiento crítico y la acción divergente. Anular, en definitiva, a la persona otra. Frente a esta deforestación, sales a la calle, sientes las lenguas vecinas, mantienes vivo el lápiz y su baile en los bordes del diccionario. Abrirse a las lenguas implica cuestionar los grandes privilegios de la corrección y de la autoridad desde el propio lenguaje. Porque toda dominación se rumia, se ejecuta y se impone mediante palabras. Así, esa reflexión lingüística que otea el polígono industrial por la ventana del tren supone un zarandeo profundo a todo lo que nos aliena y nos duele.

Claro que la ignorancia es parte de nuestro entorno, no cabe ninguna duda. Por eso, escribía Lope de Vega que **la lengua del amor, a quien no sabe / lo que es amor, ¡qué bárbara le parece!** Sin ser un peligroso radical, Lope supo ver que el amor a los ignorantes les suena bárbaro y que la coexistencia con otras nunca será una lucha, sino una adición.

Todas las capitales del sur, hermanas y extranjeras, hablan un mismo y diverso idioma del amor.

Villaverde Bajo, Madrid

El 8 de abril de 1914 nació mi bisabuelo Dionisio Tejero Tejero. Nunca salió de España y vio por primera vez el mar en Mallorca como regalo de jubilación. Aun así Dionisio, el Moreno, acumuló en sus palabras toda una pulsión mediterránea: su nombre es de origen griego y en casa le llamaban Nono, como si hubiera salido de la Toscana y no de la secura manchega. Sus apellidos son de origen sefardí, cargados con el nombre del oficio. El Nono pasó su vida, como tantas y tantos, entre una juventud negada por el trabajo y la guerra, una dictadura eterna y una vejez que le pilló demasiado mayor. Desde La Guardia, un pueblo de Toledo, fue con mi bisabuela y sus hijos a Villaverde, una de las muchas barriadas madrileñas que acogieron a la migración en los años del éxodo rural. También vivió un éxodo político que, sin cruzar países, se exiliaba de un civismo soñado. El hermanastro falangista, la hija muerta, el hermanastro asesinado, el señorito, esconder el carnet del partido.

Antes de morir, el Moreno avisó a la familia de que debían buscar los nidos. Para un pobre, los nidos equivalen a esa sortija entre paños o los ahorros que ronronean en el fondo del jergón matrimonial. Dionisio pidió que picásemos las paredes. Falleció en 1991 y yo nací en 2003. Me concedo entrar en ese plural porque, cuando muere, lo que un pobre quiere es molestar lo menos posible, dejar las cosas resueltas incluso para los que todavía no han llegado. La herencia quedaba entre los tabiques del piso, quién sabe si detrás del cuadro de ciervos o bajo una baldosa de la cocina. Golpeamos los sesenta metros cuadrados para hallar un pequeño papel doblado con tino. Doblez sobre doblez, se leía:

> –¿Cuál es el anís preferido de Franco?
> –Las Cadenas.

La herencia de los pobres son las palabras. La única acumulación primitiva tras años de arrugas y turnos son vocales y consonantes dispuestas para el humor o la crítica. Esas palabras heredadas son el nido desde donde rechazar una dictadura o proclamar la memoria que acuna a tu estirpe sobre trillas y hollín

El Nono no decía atmósfera, sino **amófera**. Esa te aspirada elidía pronunciar todo un sistema de valores. Si Dionisio pronunciaba la palabra no era para comentar que el cielo estaba encapotado, tampoco buscaba disertar sobre las capas de la Tierra. Su uso era una declaración laica y política: «yo no creo en ningún dios, creo en las nubes, en la **amófera**». La boca llenándose con esa o redonda como una breva, poderoso insulto esférico que molesta a los señoritos. La lengua toledana de **amóferas**, **alhajas** y **cabalitos** no estaba entre las cuatro paredes del piso, ni los ciervos ni los tapetes daban cuenta de ella. En un monolingüismo árido como el del sur de Madrid es difícil sentir que tus palabras te acarician con la complicidad de lo que es propio. Ni siquiera reconocemos nuestras marcas dialectales, todas ellas de clase. Ni el **mazo**, ni el **gapo** o el **no ha venío** que retumba en la voz de los niños cuando pasan lista las maestras. Los giros lingüísticos de nuestras ancestras se disipan a la velocidad que salen los autobuses del intercambiador. Así, yo nunca le preguntaré a mi madre **niña, ¿tas ishpierta?** como hacía la bisabuela Ana. Tampoco diré «el centro» con el tino, la corrección y el pavor con que lo pronuncia mi abuela.

Nos deleita la idea de centro, núcleo o germen. Quién fue el primer homínido, quién la primera poeta o cuáles los primeros seres vivos. Si nos preguntamos por el comienzo del castellano, su nacimiento da lugar a poco fetichismo. Una lengua brota de forma oral, siendo en sus albores un error, dialecto o jerga de otra lengua culta. Pero si queremos buscar la fecha y el lugar, el primer texto escrito parece corresponderse con las *Glosas Emilianenses*, redactadas en el Monasterio de San Millán de la Cogolla entre los siglos X y XI. A los defensores acérrimos del muy y mucho español les chafaría saber que el castellano surge en el espacio de una glosa, es decir, una minúscula anotación fuera del texto oficial que no busca más que la comprensibilidad y la aclaración. Además –y esto es de poética justicia–, el castellano de la glosa 72 está unas cuantas páginas después de las glosas 31 y 42, que dan inicio al euskera en su expresión escrita. Quien defiende la lengua cervantina debería recordar que vinimos al mundo como dialecto que manejaba, junto al euskera, un escribano anónimo.

Otro matiz fundamental es la etimología, arqueología irradiadora de las sílabas. La primera vez que reparé en cómo las palabras contienen memoria fue en cuarto de primaria. En clase hablábamos de las ciudades a nuestro alrededor; surgieron Coslada, Alcalá de Henares, Alcorcón. Al decir alguien «Fuenlabrada» levanté la mano con un respingo, elevando sobre mi cabeza el dedo índice tenso como un pináculo. Pregunté si Fuenlabrada no querría decir 'fuente labrada', si tal vez existió alguna fuente en ese municipio hecha por labradores o canteros. La respuesta de la maestra fue incluso más determinante: «puede ser».

La etimología se basa en dos premisas, la constante duda y lo poético. Cualquiera usa palabras al echar la quiniela, mandar un audio o pensar en las fresas que todavía aguantan en la nevera. Pero cuando uno le da un rodeo a la palabra, cuando abres los dobleces del pequeño nido que gesta incansablemente, descubres que el «gazpacho» es la caspa o lo sobrante en las mesas portuguesas del siglo XV, el «murciélago» ese pequeño ratón que va ciego por el aire o la «pasión» padecer una intensa fuerza movilizadora. Esta relación poética con el lenguaje es ingente al salir de tus palabras cotidianas, al cruzar cuatro páginas del libro de glosas y encontrarte con las lenguas propias de un Estado gaseoso donde convives. Así, **els penya-segats**[1] del Cap de Sant Antoni en Xàbia se alzarán como rocas segadas por el viento con encargo kárstico. La **seronda**[2] de Muñón Fondiru no será una estación, sino todo el anhelo que dispondrá la mesa con castañas, níscalos y hojas. Atravesarás las **beirarrúas**[3] de Monforte como un dominguero por la playa más que como un viandante. En el aeropuerto de Bilbao acudirás al **argibidea**,[4] que será oráculo lumínico y no mostrador donde resolver una pérdida de equipaje.

Además del chiste antifranquista, el Nono podría haber tenido este verso guardado en los rodapiés del pasillo: **la poesía es una lluvia fertilizante**. María Teresa León sabía que, en la **amófera**, una lluvia de idiomas acumula la más valiosa herencia del género humano.

Leitza

A cualquier joven se le hará pensar que las lenguas minorizadas no tienen nada que ver con él. ¡Qué expresión más cruel, «nada que ver»! Se dice a la ligera pero invita –desde su prepotencia– a la ceguera universal, claudicar tu visión frente a aquello algo más lejano, al menos aparentemente. Otro argumento estrella será la baza de la utilidad. El galego suena muy musical, el català tiene buenas canciones, el euskera parece primitivo y el asturianu es entrañable..., pero ¿de qué te sirven?

1. Acantilados, literalmente 'peñas segadas'.
2. Otoño, cosecha.
3. Aceras, literalmente 'orilla de las calles'.
4. Información, literalmente 'camino de la luz'.

Prefiero que las cosas no me sirvan como servían los esclavos a sus patricios. Prefiero herramientas que me ayuden, enseñen o muestren sin ese contrato de sumisión. Además, cuando lo útil parece tener la pulcritud de un casquero y el bisturí de una cirujana deberíamos recordar que este concepto no es tan pragmático. El valor de las palabras, la significación que cobran, son fruto directo de una ideología y de su imposición desde ciertas élites hacia la comunidad de hablantes.

En Tenerife, dos pueblos colindantes componen una curiosa antonimia: La Victoria de Acentejo es vecina de La Matanza de Acentejo. Unos pocos kilómetros pueden convertirte en matancero o victoriero de por vida. Estos municipios antagónicos protagonizaron dos eventos históricos. En Matanza, la victoria de la población guanche sobre los colonos castellanos. En Victoria, la imposición colonial frente a los habitantes nativos. ¿Quién nombra las derrotas y las victorias? ¿Quién construye la idea de lo útil y lo servible? ¿No serán estas palabras víctimas de un poder y un sistema económico? ¿Por qué no es de vital utilidad decir **quérote**, **maite zaitut** o **t'estimo** a alguien en su propia lengua?

Nuestros feudos monolingües son pequeños castillos en el aire. Si pienso en mi ciudad, encuentro a dos galegas feministas donde aprendí a leer (colegio Concepción Arenal) y donde voto (colegio Rosalía de Castro). Si rememoro las luchas sindicales que el sur de Madrid ha secundado, al añadir algo de tizne y hulla la brújula apunta a Llangréu y la Huelgona asturiana. Si como croquetas, albóndigas o arroz con leche es porque visito la casa de mi abuela Carmen, en plena calle Leiza. En su nombre original, Leitza, además de una calle en el madrileño barrio de Orcasitas, es un pueblo de Euskal Herria. También lo son Itxaso, Deba,

Oiartzun o Altzola. Estos nombres son las calles donde viven mis abuelos, en las que crecieron mis padres y donde la lucha vecinal gritaba en castellano contra grises idénticos a los que reprimían en esas localidades. Si imagino a la bisabuela Petra recogiendo colillas para liar un cigarro, al abuelo Antonio pidiendo en la boca del metro o a la tía Ángeles vendiendo de estraperlo, sus dedos solo pueden ser portadores de una lengua humilde, acorde a su existencia.

En Gasteiz, las tropas franquistas asesinaron en 1936 al poeta euskaldún Lauaxeta, quien escribió que **dana emon behar jako maite dan askatasunari.**[1] En la tapia donde fue fusilado, una pintada avisa: **gure abuelek ez zekiten euskaraz baina bazekiten Lauaxeta hil zuten berdinek hil zutela F. G. Lorca.**[2] No hay mucha diferencia entre pedir limosna, casarte por lo civil, no levantar el brazo o hablar tu lengua si todas estas acciones te llevan a un mismo rapado de cabeza, un paredón, la imposición del olvido.

Presó de Montjuïc, Barcelona

«Si mandas plátanos alguna vez, que sean pasaditos.» Esta es una de las notas que José María escribió a Teresa desde una cárcel franquista. En 1939, además de pensar en derrocar al fascismo o establecer la dictadura del proletariado, los plátanos seguían dividiéndose en blandos y duros, a gusto del consumidor. Lucía Boned Guillot recoge en *La voz del padre, la voz de la madre* algunas de las

1. Hay que estar dispuesto a entregar todo a la libertad que se ama.

2. Nuestras abuelas no hablaban euskera pero sabían que los mismos que mataron a Lauaxeta mataron a F. G. Lorca.

pequeñas notas que sus abuelos se enviaban metidas en cáscaras de nuez, entre los bolsillos de la ropa o dentro del pan. Hay cartas que se han escrito con zumo de limón, atestadas de lo que algunos considerarían faltas ortográficas y llenas de potencia, fuerza y necesaria cotidianeidad. A la vez que redactaba sus *Cuadernos de la cárcel*, Gramsci escribía cartas hablando de dos gorriones que visitaban el alféizar de su celda. Byron avisaba a su tía desde Cambridge de cuándo se debían cosechar las patatas. Mercè Rodoreda se quejaba en sus misivas desde el exilio de que alguien había cogido prestado *El Quijote* de la biblioteca municipal y Dionisia Manzanero Salas, una de las Trece Rosas, avisaba horas antes de ser fusilada: «mis cosas ya os las entregarán, conservar algunas de las que os dejo».

La carta como latido diminuto. Un espacio frágil constituido para comunicar el otro doblez de la historia, la civilización de pequeños gestos que conforman nuestra vida lejos de aseveraciones. Supone la carta uno de los mayores actos anticapitalistas de nuestra actualidad. Si nos subimos a las barbas del marxismo, podríamos establecer que una carta es esa mercancía cuya plusvalía se entrega por completo a otra persona sin obtener los agentes de la fuerza de trabajo ningún rédito. El escritor de una carta no percibe nada, pues lanza su producto intelectual y emocional a lo lejano, al buzón de otro ser que, con suerte, recibirá esas palabras para hacerlas suyas. No hay transacción ni beneficio, la carta es en sí misma un espacio de amor, entrega y desposesión.

No me podría dirigir a las lenguas minorizadas desde la condescendencia, menos siendo laísta y mesetario. Tendemos a adoptar el papel de salvador o colono, convirtiendo nuestros intereses en imposibles empresas que nosotros mismos, con fuerza y arrojo, hemos de salvar. La poeta

Blanca Llum Vidal escribió unas cartas en las que decía: **vos asseguro que no tinc cap intenció de sumar-me a l'Orgull de ser independent i ser forta.**[1] Si el asturianu se oficializa, si se normaliza el uso del valencià en Alacant, si se potencia la comunidad de nuevos hablantes de euskera o se revierte la situación alarmante del galego no será nunca gracias a un madrileño. Las lenguas del Estado llevan siglos defendiéndose contra una españolización que va de los Reyes Católicos al ministro Wert. Si no se han perdido las palabras **tolina, golfiño, dofí** o **izurde**[2] no es porque a un castellanohablante le parezcan interesantes, todo lo contrario. Generaciones de bocas han señalado a sus mares pronunciando esas dos o tres sílabas que tú, hoy, interpretas.

Las cartas nos enseñan a medrar en el anonimato diario de la historia, en esa conciencia que no precisa de hacer aspavientos ni salvar gatos encaramados a secuoyas para ser efectiva y determinante. Mi relación con las lenguas no es la de un multimillonario textil con la sanidad de su país, ni siquiera equivale a la relación que tengo con el jazmín de mi balcón. A esa planta recogida en Vallecas la cuido y la riego. Disfruto de su existencia y contribuyo con jarras de agua a hacerla posible. Con las lenguas es completamente lo contrario. Si escucho un **tú yes**[3] en cualquier marquesina de Asturies, es esa lengua quien me riega, quien nutre unas raíces algo secas tras años de uniformidad.

A aquello que me cuida, que se abre ante mí mostrando amor y memoria, quisiera escribirle una carta.

1. Os aseguro que no tengo ninguna intención de sumarme al Orgullo de ser independiente y ser fuerte.
2. Delfín en asturianu, galego, català y euskera.
3. Tú eres.

La ortografía es la política de empresa que unifica nuestra expresión escrita. En lo oral, somos seres radicalmente distintos: nuestro tono de voz, nuestro cuerpo, el énfasis y la pronunciación articulan una partitura en marcha. Pero llegados los dedos al teclado o la pantalla, todo se uniformiza como una llanura de trigo. Esta normatividad es necesaria y tiene su porqué, pero no es menos obvio que todo lo normativo estrangula el sentido crítico.

Aldo Manucio es un hombre afable que entra en la vida de los estudiantes de filología al pisar la facultad. Junto a Francesco Griffo revolucionó la industria de la edición en la Venecia renacentista desde una pequeña casa amarilla. Para todas las publicaciones en griego clásico, contó en su taller con impresores helenos exiliados tras la caída de Constantinopla. Las grandes hazañas de la impresión, no se olvide, tuvieron como panaderos y ebanistas a parias, refugiados e inmigrantes. Ante cualquier examen, el alumno de filología despacharía a Manucio de la siguiente manera:

> Aldo Manucio (1449-1515) fue un impresor renacentista. Es conocido por la invención del libro de bolsillo, la numeración de los pliegos y el uso de letra cursiva, aldina o itálica.

Todo correcto. De hecho, no se atisban razones para criticar a un hombre del siglo XV que perdió seguramente la vista entre manuscritos, tipos y tintas. Claro que Manucio hizo cosas fantásticas. Sin ir más lejos, su efe aldina inspiró a los lutieres para tallar esa curiosa letra en las cajas de resonancia de los instrumentos de cuerda frotada.

Sin embargo, hay algo de la cursiva que chirría. Que tenga tantos nombres es bueno, pero sus etimologías dejan entrever un pacto ideológico con la productividad. En el español americano se la denomina letra corrida, en castellano proviene del verbo latino *correre*. Es la letra veloz, la que recorta espacio, tiempo y esfuerzos.

La cursiva parece una forma algo extraña de convidar a otras voces a la diminuta estancia de tu escritura. Y no es que sea fácil ser huésped. Para esta palabra, el diccionario se permite una interesante duda en su primera y cuarta acepción:

> 1. Persona alojada en casa ajena.
> 4. Persona que hospeda en su casa a otra.

¿Dónde acaba el anfitrión y empieza el invitado? ¿En una carta, entre dos lenguas, quién está acogiendo a quién?

Claro que en época de Manucio la cursiva ahorraba tiempo y espacio, pero también mercantilizó los valores del texto, subyugando el contenido al gasto de tinta y la inversión temporal. Si hiciera una carta a las lenguas propias pero escribiera *lanbora*, *borrina*, *néboa* o *boira*,[1] la invitación sería algo menospreciante. Abrir a alguien las puertas de tu casa y ponerle a barrer el salón. ¡Por favor, siéntase libre de entrar, puede usted estrujarse con sus otras compañeras distintas a mí! El Estado sólido español sabe mucho de esto, no hay ademán más refinado que un *eskerrik asko*[2] lanzado a tiempo o un *no puc més*[3] dicho con gracia. Pero esta no es forma de incluir y respetar a tus interlocu-

1. Niebla en euskera, asturianu, galego y català.
2. Gracias en euskera.
3. No puedo más en català.

toras, al menos no con la admiración y el rigor necesario. A quien amo nunca le dirigiría la palabra en apretadas cursivas. Querría dedicarle caracteres resaltados que muerdan al leerlos, que griten llamativos para ser profundamente escuchados.

Sin ningún atisbo de ironía, el poeta Xabier Lizardi preguntó en sus versos: **Parisko txolarrea: / zertan aiz berezi / nere erriko batez?**[1] No podría entender una relación entre dos idiomas si uno de ellos habla desde la superioridad de hablantes, de ejércitos o de medios. Cuando soy huésped, desearía tratar con toda deferencia a mis visitas. A solo dos renglones de diccionario, la cuarta acepción vigila alerta.

## Compostela

**Ollo os nenos.**[2]

No es una fórmula matemática, una inscripción fenicia ni una consigna oculta. Se trata de una frase –tres palabras– bastante intuitiva para cualquier hablante romance. Más aún si le añadimos un triángulo rojo con dos pequeños monigotes cruzando. En noviembre de 1985, una mujer uruguaya contaba escandalizada a la prensa cómo casi atropella a varios escolares por no saber el significado de este cartel en lengua galega.

Este y muchos otros delirios están recogidos en *O libro negro da lingua galega*, compendio donde Carlos Callón muestra todas las barbaridades histriónicas que se es-

1. Gorrión parisino: / ¿en qué te diferencias / del gorrión de mi pueblo?

2. Ojo con los niños.

cupen a una lengua minorizada por cada diminuto paso de normalización al que accede. Otro caso reciente, de Compostela a Nafarroa y de monigotes viales a otros animados: que las niñas y niños vascófonos puedan ver hoy *Doraemon* en euskera fue un golpe mortal a la españolidad durante varias semanas de actualidad política. De nuevo, **ollo os nenos**.

Se menosprecia una lengua bajo el argumento de la comprensión. «No lo entiendo.» Las lenguas propias del Estado muestran, por su evolución y contacto, un más que aceptable parecido con el castellano. En el caso del euskera, aunque tenga orígenes radicalmente distintos no hay que ser lingüista para adivinar el significado de **botila**, **oliba** u **ospitalea**. No deja de sorprender esa fe ciega en el principio del entendimiento. Si lo entiendo, es bueno. Si no, me amenaza.

Escribo en este documento que se salva como una isla fluvial ante toda la **paperassa** –¿no suena más burocrático e inútil así el papeleo?– de mi ordenador. En las carpetas vecinas, hay otros nombres más prosaicos: «Facturas 2º trimestre», «Papeles universidad», «Seguridad Social». El poeta Antonio Gamoneda declaró con su aguijón de inteligencia en una entrevista que «no se puede intentar comprender la poesía como si fuera el BOE». Yo iría incluso un paso más allá: quien no entiende el català, ¿comprende acaso un modelo 036 de autónomos? ¿Es más entendible la Declaración de la Renta que unos versos en galego?

Vivimos en un mundo legislado por conceptos que no entendemos. La prima de riesgo, el mercado, la inflación o la digitalización de nuestras actividades se asumen sin saber qué son. Nos rigen y abocan a tomar decisiones. Mientras, cohabitamos en armonía con ellas y nos subyugamos a sus múltiples demandas. En cambio, cuando una despedida se convierte en un **gero arte** o un **ta llueu**,[1] algo parece herir una autoestima más bien frágil. Atropellamos lo desconocido como esa conductora temeraria entre carteles gallegos. No te entiendo. No sé qué me estás diciendo. Tampoco somos todos doctos en biotecnología, y eso no hace que los laboratorios cesen su actividad. El no conocer no tendría que implicar miedo, menos rechazo. Incluso con lo incognoscible podemos establecer una relación de curiosidad y aprendizaje. Más cuando se trata de hablar, que viene del latín *fabulare*. Hablar es siempre una fábula, una fantasía. Cuando esta ficción se produce con otro idioma que no es el propio, la confabulación aumenta fértil y asombrosa.

En una conversación, la poeta Luz Pichel se expresó de forma muy clara: **se Alfonso X sendo de Toledo escribía en galego as cantigas, non serei eu, cidadá do século XXI, máis parva que el.**[2] No existe tal cosa como el derecho a la ignorancia. Ninguna carta magna democrática defiende las posibilidades de ser mediocre y limitado. A nuestros oídos romances, escuchar una lengua hermana no les tendría que suponer un sobresalto, mucho menos un agravio. Alfonso X, con poca higiene personal y costumbres medievales, no debería estar más avanzado en el plurilingüismo que ciudadanos de un Estado políglota.

«Idioma» viene del griego ἴδιος, que significa 'propio, personal'. Cuando esa personalidad se pasa de especial, la misma raíz nos regala la palabra «idiota». Entre «idioma» e «idiota» la cuestión está clara. Antes que la estupidez del odio sin argumentos, compartir y escuchar palabras, deshacer el falso derecho universal a la cerrazón y la idiotez.

1. Hasta luego en euskera y asturianu.

2. Si Alfonso X siendo de Toledo escribía en galego las cantigas, no seré yo, ciudadana del siglo XXI, más tonta que él.

Peachtree City, Georgia

Era invierno sobre las escalinatas que culebreaban en el ladrillo, también en la tonsura de los taxis y las fumarolas erupcionando del asfalto. En la Nueva York de 1960, una melancólica Rosa Chacel tecleaba a su amiga y escenógrafa argentina Esmeralda Almonacid:

> Lo que no querría es escribirte una carta sino poder contarte, con medias palabras, con alguna mala palabra también, de vez en cuando, con gestos, con silencios, con alguna patada a cualquier objeto próximo...

Con paciencia, la escritora anotaba a mano todas las tildes que su máquina de escribir no contemplaba. Añadía al rebaño de letras las virgulillas de las eñes como quien espolvorea azúcar en la taza de café. Chacel compartía estas palabras desde una metrópoli anglófona, abarrotada de idiomas pero con un dominio claro del inglés. Las «medias palabras» que añoraba son esa comunicación trascendida que solo nos conceden las lenguas maternas, la inercia de la pronunciación propia, la desactivación de los controles y redadas gramaticales en aquello que sentimos como hogar. Y no es que a veces uno no desee estar en esa tesitura extraña –en mi única estancia en Nueva York, hablé más català que inglés o castellano–, pero bien diferentes –opuestas– son las incursiones vocacionales en otra lengua a las deportaciones que causa el prestigio, lo correcto y la imposición.

Seis décadas después de Chacel fui a parar a Peachtree City, una ciudad residencial a las afueras de Atlanta, al sur de Estados Unidos. Aprender inglés era uno de los objetivos principales de mi estancia, el bilingüismo se aplaude siempre con fervor en el caso de dos lenguas dominantes. Pronto comencé a vivir situaciones ignotas para cualquier hispanohablante de España. Mi nombre completo, Mario García Obrero, perdió su apellido materno y mutó a Meriou Gersia. Durante bastante tiempo, me presenté en el club de teatro o en la clase de anatomía como Meriou, sin siquiera pensar que ese no era mi nombre. Mi lengua materna se fue amoldando a palabras hasta entonces no transitadas y escribía mensajes hablando del condado, la zarzaparrilla o el carrito de golf. Encontré entre las encinas **spanish moss**,[1] una barba arbórea que nunca había visto y que, de repente, contenía una vecindad profunda que me debía nombrar. Con el alumbramiento que cualquier idioma produce, sentí por primera vez en mi carne ser hablante de una lengua minorizada. Mi acento no era fascinante, sino incorrecto. En el pasillo, las *cheerleaders* o los *quarterbacks* podían mirarte mal. En más de una ocasión, nos decían a los hispanohablantes: **please, speak English so we can all understand you.**[2] Entendí entonces la frustración de cualquier Maria **sense accent**[3] que debe corregir su nombre constantemente, un **agur**[4] que crispa los ojos a tu alrededor o un «qué gracioso hablas» al coger el teléfono a tu madre.

A todos aquellos españoles castellanohablantes «amurallados en su idioma» –aprovechando la hermosa expresión de la mexicana Rosario Castellanos– los invitaría a pasearse por cualquier supermercado de Peachtree City. El español es una lengua hegemónica en términos geopolíti-

1. Musgo español.
2. Por favor, hablad inglés para que todos podamos entenderos.
3. Sin acento en català.
4. Adiós en euskera.

cos, pero su condición en Estados Unidos sigue siendo en muchos aspectos la de una lengua pobre, de segunda, desprestigiada. Poco después de volver a Getafe, la Comunidad de Madrid invirtió cientos de miles de euros en una Oficina del Español, más necesaria al parecer que cualquier centro de salud o parque de vivienda pública. Este acto –entre lo cómico y lo aborrecible– fue el ornamento floral a toda una ideología en torno a mi lengua, el castellano. Se farda de la lengua española, de su unicidad y potencial económico y cultural. Se plantea un orgullo de hispanohablante basado en cifras: seiscientos millones de usuarios, segunda lengua materna, tasas y proyecciones de crecimiento universal.

Pienso en el Meriou que fui entre panqueques. Aprecio inmensamente la lengua de mi familia y mi tierra. Venero al idioma en que escribí mi primer poema. Amo al español que llamo castellano, pero no quiero enorgullecerme de ser un depredador ni una puntera marca corporativa. Si el español posee esas cifras de hablantes es por su imposición histórica en términos coloniales y violentos, los mismos que hoy puede padecer cualquier hispanohablante en Peachtree City. La palabra orgullo deriva del català **orgull**, acertada procedencia etimológica que saca la lengua contra la patria matraca de la ignorancia. Me encanta que mi orgullo nazca de una lengua hermana a la que con demasiada frecuencia se ha percibido enemiga. Quiero encontrar el orgullo de mi lengua en esa mezcla que surge rebelde, con todos sus préstamos y aleaciones haciendo cabriolas sobre la planicie de la pureza. Siento profundo orgullo de una lengua que sabe diferenciar **higos** de **brevas**, que me tiende cuando necesito las palabras **carantoña** y **papanatas**, un idioma que con el mismo **golondrino** nombra a un ave, un vagabundo, un soldado desertor y una inflamación en la axila. Siento orgullo de una lengua donde soy libre para comerme sus participios, triscar por sus vocales y aspirar las consonantes. Un orgullo que no niega al prójimo, que reconoce sus heridas y las mira con empatía.

«Con gestos, con silencios» Rosa Chacel tuvo que dirigirse en más de una ocasión a Lorca por ese entramado de números y ruidos neoyorquinos. El poeta fundador de Nueva York en la lengua española dijo en una carta de juventud: «que yo no haya alcanzado las nubes no quiere decir que las nubes no existan». A la inversa, el pensamiento es igual de necesario; poseer una hegemonía histórica nunca debería confundir en su bruma a los hablantes de español. Todos, a golpe de un vuelo, podemos acabar siendo Merious.

## Adamuz

«Los amores de la sierra / son amores de fortuna / que te quiero, que te adoro / mientras dure la aceituna.» Encuentro en internet esta jota adamuceña, el pueblo de mi abuelo y de la familia Obrero. Nunca he ido a visitarlo, solo sé que los rescoldos verdes en las pupilas de mi hermana o mi madre brotaron allí. Adamuz viene del hebreo *adamá*, que significa 'tierra colorada'. La conciencia del lenguaje nunca da puntada sin hilo: tierra roja para los Obrero. Por desgracia, la conciencia del poder tampoco es indiferente. Adamuz sufrió una represión durante el franquismo que implicó fusilamientos hasta 1949 como el de Claudio Romera Berna, jornalero y alcalde durante la Segunda República. Su cadáver fue expuesto en la plaza del ayuntamiento durante tres días de septiembre. Tres días de septiembre en Córdoba son tres días de calor, cosecha y trasiego. Tres días llenos de moscas agarradas a la pañoleta roja y aves carroñeras con rosarios en el pico.

«Mientras dure la aceituna» es una medida de tiempo apropiada para un pueblo de errantes como la bisabuela Ana, que parió doce hijos bajo un olivo. La imagino vareando o cortando pan duro para las gachas. Rompía aguas y marchaba al árbol más cercano. Apoyada en esos troncos viejos, se metía una trenza en la boca y comenzaba el parto. Los Obrero Pérez eran maestros podadores de olivo, itinerantes. Seguían el tiempo de la aceituna por los cortijos, entre serranía y campos de caciques. En 1940, mi abuelo Antonio viajó con apenas unos meses a Madrid metido en una caja de zapatos. Emigraron a Carabanchel con una higuera, un carro y muchas hambres.

El primer habitante del que se tiene noticia en Adamuz se llamaba Süleyman Ben Beiter, vecino primigenio de la villa y autor de la *Historia de los letrados de Córdoba* en época omeya. A los descendientes de Süleyman los echaron de este paisaje. A los judíos que dieron nombre a Adamuz los condenaron al exilio o la conversión. A los campesinos de estas tierras les fue dado el éxodo o el asesinato.

Una prima de mi abuela –en este caso toledana– demostró bien que aquellos ciudadanos sistemáticamente repudiados –por sacrílegos, escandalosos, ilegales o sin documentación– tienen por patria el lenguaje. Al cantar *La Internacional*, la octogenaria entonaba su propia letra: «Arriba los de las cucharas / abajo los del tenedor / semos todos comunistas / con el martillo y la hoz». La historia se divide entre cucharas y tenedores, aquellos señoritos que comen bistec porque son tenedores –poseen– mientras las cucharas papan pucheros. Las idénticas cucharas que

Pedro Rojas, el anónimo miliciano al que cantaba César Vallejo en un poema, llevaba en su chaqueta el día de su asesinato. Con una intencionada falta de ortografía y sin ninguna falta de dignidad sentenció Vallejo: «¡viban los compañeros al pie de esta / cuchara para siempre!». En el menaje está la clave. Frente a unos tenedores mayúsculos que saquean la recolecta de los lenguajes propios, la cuchara rebaña hasta la última pizca de idioma, habla o acento para empuñarlo como un clavel, una cometa o una rama de olivo.

Quien es cuchara desarrolla una sororidad por sus compañeras de cajón. Todas las cucharillas, **cuyaras**, **koilarak** o **culleres** son pequeñas conchas acostumbradas al vacío, al espacio hueco que las constituye. Quien es cuchara, a las cucharas se debe. No solo por su deseo de serlo, sino por lo lejos que queda la ocasión de pinchar un filete sangrante. No se equivoque nadie, podrás ascender de remover el café a servir cazos de sopa, pero el hueco nunca dejará de conformarnos.

Creo en la **amófera**, confío en la memoria de las palabras y toda lengua que haya sido cuchara no me es indiferente. La autora sefardita Margalit Matitiahu es descendiente de judeoleoneses. Al volver –medio milenio después– a pasear su casa, escribió en el ladino que conserva: **tu boz en mi cuerpo / es un eco dientro eco.**[1] Una lengua-cuchara es siempre una profecía para un humano-cuchara, la reverberación de que lo idéntico contiene palabras distintas. Cuando un humano-cuchara se implica en una resistencia como la poesía –cuchara frente al pensamiento hegemónico y pragmático– la vecindad se acrecienta.

El tiempo de la aceituna parece no acabarse, arrastra-

1. Tu voz en mi cuerpo / es un eco dentro de ecos.

mos esa trenza en los dientes lista para el auxilio. Hoy mi hermana varea correos en una oficina suiza mientras habla inglés. Mi otra hermana varea temarios de oposición y un cuerpo de interina expuesto a aulas saturadas en la escuela pública. Mis vecinas varean en Alemania o Inglaterra mientras que los señoritos siguen intactos como vajillas de boda polvorientas. Por este motivo te escribo, idioma cuchara, cargado de compañías extranjeras. Con Ana, Claudio y Süleyman. Porque hay que rebañar la conciencia hasta la última esquina, algo deberá saciar tanta sed heredada. Porque nos nombramos con idénticos vacíos en una y otra lengua, nunca seremos capital, sino tierra roja de carencia. Para que **viban** los compañeros de menaje, **viban** sus palabras.

# BENQUERIDO GALEGO

Malpica de Bergantiños

> Me sentí poeta de la alta hierba, de la lluvia alta y pausada. Me sentí poeta gallego, y una imperiosa necesidad de hacer versos, su cantar me obligó a estudiar a Galicia y su dialecto o idioma, para lo maravilloso es igual.

A sus dieciocho años, Lorca viajó y se enamoró de Galiza. Más allá del pulpo, la empanada y otros clichés, prendarse de la tierra galega es un acto impulsivo. En mi caso, fue durante un verano con mi familia entre Oleiros y A Coruña cuando tenía once años, a las dos orillas de la misma ría. Una de las primeras cosas que leí en galego fue el cartel de En Marea para las elecciones de la Xunta en 2015. **En marea, o cambio non hai quen o pare.**[1] Esa ene colgando del «no» al que estaba habituado constituía un misterio hermoso, el convencimiento absoluto de una negación. Una década después, la marea democrática que supuso el 15M fue detenida hasta una doliente calma chi-

1. En marea, el cambio no hay quien lo pare.

cha. Lo que no cesó fue la letra que pronunciaba con ímpetu. El **non** me abrió las puertas de un país y una lengua en la que río, aprendo y escribo. Como en un poema del marinero Manoel Antonio, escrito en un cuaderno contable, **n-ese teu corazón innumerábel / tamén enchen e debalan / as mareas d'o meu corazón.**[1] Acerqué mi pecho de niño al hermoso misterio del **non**. Verdaderamente, el cambio fue imparable.

Nieves Neira Muñoz dice que **o que non é propio, amamos.**[2] Curiosas son las capacidades de «lo propio» para apelarnos a cada uno. En el epicentro del españolismo, por ejemplo, la tortilla de patata es una institución sacrosanta. Su abolengo es más bien pobre: la patata llega con un nombre cruzado entre el quechua y el taíno en el siglo XVI, se empieza a comercializar en el XVII y se junta con huevo (y cebolla) en el XVIII. Lo propio es siempre lo foráneo, también lo que está en movimiento. El poeta Lois Pereiro, cristalero en su juventud y uno de los renovadores esenciales de la literatura galega, escribió unos bellos dietarios en los que las lenguas saltaban como chinches sobre el papel. Un mismo día amanecía en francés, hacía el vermú en inglés, llegaba el galego a la sobremesa y la merienda traía consigo el alemán. El 18 de septiembre de 1989 anotó: **en Düsseldorf, na Hauptbahnhof, ás cinco e media da mañá, tomo un cacao fervendo arrodeado de alemáns «de piñeira»: as mesmas cazadoras de coiro e as mesmas pernas cortas, coma se fose unha deformidade profesional.**[3]

1. En ese tu corazón innumerable / también llenan y decrecen / las mareas de mi corazón.

2. Lo que no es propio, amamos.

3. En Düsseldorf, en la Hauptbahnhof, a las cinco y media de la mañana, tomo un cacao hirviendo rodeado de alemanes «de piñei-

Esa deformación profesional compartida entre trabajadores alemanes y lucenses viene a ser la solidaridad y el aprecio que todo lo pequeño se tiene entre sí.

En Galiza y su lengua siempre encontré palabras que me definían, términos propios. Me gusta pensar en la proximidad casi absoluta entre **país** y **pais.**[1] Para mí, quienes trajeron el país del **fieito, o baleiro** y **a brétema**[2] fueron mis padres. Les pedí un diccionario galego-castellano a los pocos días de empezar las vacaciones. Sin pensarlo, mi madre de Orcasitas encargó un ejemplar en Malpica de Bergantiños, adonde mi padre de Orcasitas condujo durante una hora. Ese pequeño compendio de tapas azules me dio las mayores alegrías del verano. Comencé a escribir poemas donde los relojes torcían sus manillas hasta convertirse en **reloxos** y las gaviotas, como si se hubiera traspapelado el orden de sus letras, eran **gaivotas.**

Ese año aprendí galego gracias a VOX. La marca de diccionarios.

Si en 2015 la marea democrática salpicaba con necesaria insolencia la toalla de los mandatarios eternos, un partido de extrema derecha era algo en lo que no cabía pensar. VOX, por aquel entonces, era una palabra de la tercera declinación o una editorial que veíamos en las cajoneras de clase. Hoy, la palabra contaminada demuestra que la capacidad de amar lo que no es propio es distinta a la apropiación y su enorme mancha de chapapote sobre sílabas impronunciables. Cuando una filial extremista del con-

---

ra» [parroquia de Monforte de Lemos]: las mismas cazadoras de cuero y las mismas piernas cortas, como si fuese una deformación profesional.

1. País y padres.
2. El helecho, el vacío y la niebla.

servadurismo más castizo despotrica contra el galego –a pesar de tener una concejala en toda Galiza– me acuerdo de la palabra **parvo.** Mi diccionario de tapas azules lo traduce al castellano como 'tonto', 'bobo', 'estúpido' o 'lerdo'. La etimología nos llega directamente del latín *parvus*, que significa 'pequeño'.

Defender una existencia acotada, censurar y odiar lo pequeño a fin de empequeñecerse, te convierte en alguien bobo y falto de cualquier exigencia ética. Así lo demuestra VOX. La marca de diccionarios.

Parque de Keukenhof, Lisse

Alba Cid comienza su poemario *Atlas* con el poema **Historia apócrifa dos tulipáns ou as alucinacións nos Países Baixos.**[1] Los versos iniciales son reveladores. Sobre esta peripecia del tulipán, escribe:

**foi así: os holandeses comeron os bulbos chegados**
**de Turquía convencidos de que eran cebolas.**
**cortáronos, guisáronos, imaxina familias enteiras**
**mastigando diminutos**
**códices**
**de cores futuras**
**arredor de grandes mesas de ameneiro.**[2]

1. Historia apócrifa de los tulipanes o las alucinaciones en los Países Bajos.

2. Fue así: los holandeses comieron los bulbos llegados de Turquía convencidos de que eran cebollas. / Los cortaron, los guisaron, imagina familias enteras masticando / diminutos / códices / de colores futuros / alrededor de grandes mesas de aliso.

¡Hay tanto tulipán tratado como cebolla! Para quien no sabe o no fue enseñado a valorar las peculiaridades de cada ser, todo puede constituir lo mismo. ¿Para qué tantas lenguas, si en español nos entendemos? Defender el monolingüismo como esos holandeses que cortaban en juliana los bulbos, exterminando flores y tragando ignorancia.

Siglos enteros comiendo tulipanes debe de hacer algún daño. Subí un otoño desde Vilafranca do Bierzo a Pradela, una de las aldeas que organizan sus pastos, el cosmos y los ríos entre León y Galiza. La mayoría de los pueblos en esta comarca, sobre todo los limítrofes con Lugo, hablan –en mayor o menor medida– galego. Si afinamos más, hablan galego en la medida en que los comedores de tulipanes han dejado germinar, entre atracón y atracón, algún bulbo. Cuando llegué a Pradela le pregunté a una señora: **e vostede, fala galego?**[1] Ella respondió con entereza: **galego! Eu galego non sei falar!**[2]

La diglosia es esa voz impuesta que va susurrándote a la oreja «cebolla» cada vez que piensas en tulipanes. Aunque también tiene sus medios de comunicación de masas, la diglosia más nociva es la que va cortando raja a raja la autoestima de un hablante. Esa microfísica del poder opera cada vez que un galegohablante coge el teléfono desconocido preguntando «quién es», entra al médico con un «¿quién da la vez?» o profiere un automático «buenos días» a los extraños.

Lejos de ser una actitud reciente, Castelao ya avisaba en *Sempre en Galiza*: **os aldeáns falan galego sempre coa mesma sinxeleza con que cantan os xílgaros, sen decatar-**

1. Y usted, ¿habla galego?
2. ¡Galego! ¡Yo galego no sé hablar!

**se da fermosura do seu cantar.**[1] Qué hermosa y necesaria la conciencia que hace a los campesinos jilgueros y a las cebollas tulipanes.

Porto de Vigo

Martín Moxa fue un trovador medieval aragonés según algunos investigadores, natural de la serranía de Cuenca para otros. Lo que está claro –sus textos lo avalan– es que escribió en galego, igual que la gran mayoría de los trovadores en la península ibérica. En dos versos condensó el sino de todo un pueblo: **e vejo as gentes toda emprobecer / e con probeza da terra sair.**[2]

Galiza es un país eminentemente migrante. El judeoespañol o ladino coge de su idioma la palabra para lo lejano, **lonxe.** El galego ha debido especializarse a golpe de pobreza en contener la distancia en sus palabras, tanto que las exporta a otros idiomas. Una tierra hecha para salir de sí misma obtiene dos paradójicos frutos: la desposesión y el arraigo. El gentilicio «galego» tuvo que adaptarse a paisajes nórdicos, megápolis, poblados caribeños y puertos de todo el mundo. Sin embargo, sigue conteniendo todo su significado. Así, los memorables versos del poeta Xosé Luís Méndez Ferrín recordaban aquella **nena de seis anos que naceu en Basilea / e cantou pra min a / Internacional en idioma galego e non / puiden rete-lo pranto e foi en mil**

1. Los aldeanos hablan galego siempre con la misma facilidad con que cantan los jilgueros, sin darse cuenta de la hermosura de su canto.

2. Y veo a las gentes todas empobrecer / y con pobreza de la tierra salir.

**novecentos / setenta e catro, e por ela / reclamo a liberta-de pró meu pobo.**[1]

Lejos de olvidar o difuminar la lengua, las comunidades migrantes fueron las más activas en la normalización y difusión histórica del galego. El himno oficial de Galiza fue estrenado en La Habana. En esta misma ciudad se debió fundar la Asociación iniciadora y protectora de la Real Academia Galega un año antes de que surgiese la propia Real Academia Galega. La otra pata de la migración es Buenos Aires. El artista Luis Seoane nació en esta ciudad, a la que volvería forzosamente tras el golpe de Estado, solidísimo. Aunque su dedicación más reconocida fue la pintura, dejó a la poesía *Fardel de eisiliado*, un libro donde el galego no es normativo y se escribe tras décadas sin pisar la tierra natal. En esa lengua, dirimida entre el recuerdo y la desactualización, Seoane escribió:

**Eisiste ás portas mesmas de Buenos Aires unha Villa Galicia,**
**aínda de casas de latas, de cans vagamundos e vizosos limoeiros,**
**onde viven iugoslavos, italiás, turcos, xudéus**
**irmandados cos galegos nunha mesma arela de traballadores.**[2]

1. Niña de seis años que nació en Basilea / y cantó para mí *La / Internacional* en idioma galego y no / pude retener el llanto y fue en mil novecientos / setenta y cuatro, y por ella / reclamo la libertad para mi pueblo.

2. Existe a las mismas puertas de Buenos Aires una Villa Galicia, / todavía de casas de lata, de perros vagabundos y frondosos limoneros, / donde viven yugoslavos, italianos, turcos, judíos / hermanados con los gallegos en un mismo anhelo de trabajadores.

Para las que marcharon en transatlánticos de tercera, el galego fue el pasaporte que siempre estaba en regla. La vida de los hablantes choca contra la lengua; olas contra el Malecón, viento en la jacarandá. «Las idas y las venidas» en galego resultan ser **as idas e as vidas**. Lo que regresa cargado de vida, volver a las palabras madre y la memoria primigenia para estar menos muertos.

Que la venida sea **a vida** fue un hallazgo que me contó la poeta Antía Otero, nacida en A Estrada. Si alguna temeraria conductora pasase por allí, le diríamos que significa 'la carretera'. Este topónimo es común en Galiza, como también lo son **alén, revolta** o **saída.**[1] Donde la geografía se nombra con huidas y nomadismos, la identidad migrante es tan honda como las raíces de los laureles o las cavidades de un monte. Rosalía de Castro tampoco fue indiferente a esa forzada marcha de campesinos y madres solteras. En uno de sus poemas más famosos –«Adiós ríos, adiós fontes»– habla de esa incesante salida: **deixo a aldea que conozo / por un mundo que non vin.**[2] Rosalía encuentra en la poeta la misma pulsión que en la migrante: ambas transitan mundos que no les pertenecen. Cuando falleció en su casa de A Matanza, sus últimas palabras fueron de aguda conciencia. Su hija Gala contó cómo su madre, postrada en la cama, pidió: **abride esa fiestra, que quero ver o mar.**[3] La costa queda a más de veinte kilómetros de la casa donde Rosalía falleció un día de verano. De sobra sabía la poeta que Padrón no tiene mar. Pero desde una lengua acostumbrada a marchar, el océano es siempre cercanía, el sendero que nos regresa, nos aleja a lo próximo.

1. Más allá, revuelta, salida.
2. Dejo la aldea que conozco / por un mundo que no vi.
3. Abrid esa ventana, que quiero ver el mar.

El mar, derrotero en una barcaza de lenguaje, patatal azul de **as idas e vidas**.

Ourense

Cuando quise aprender galego fui consciente de muchas carencias. En casi todas las ciudades poner la oreja no era una opción, la radio necesitaba minutos de sintonización para **falar** y la mayoría de la oferta televisiva se limitaba a una lengua baldía y entregada al pan y circo. Sin tener amistades o círculos donde practicar, aprendí la mayoría de la lengua entre libros. Con una noción muy endeble del panorama literario, escogía casi siempre autores del siglo XX. Veía sus nombres en las plazas, los colegios o las bibliotecas y sentía una especie de confianza por ellos. Eduardo Blanco Amor fue de los primeros narradores que leí –lápiz y diccionario mediante– en galego. Con el tiempo, descubrí que esa lengua sofisticada, prenormativa en muchos casos, era algo distinta de lo que actualmente se habla. Como si hubiera aprendido una especie de transición apócrifa, hoy me cuesta horrores decir **flor** en vez de **chor**, **espírito** en lugar de **esprito**, **cidade** y no **cibdá**.[1]

Blanco Amor me enseñó con voz antigua que lo contrario a una lengua no es necesariamente otra más dominante. Cuando se critica un idioma se busca el silencio de quien lo emplea. En *A esmorga*, el silencio es el personaje del juez. Las fuerzas vivas no se expresan en español, tan solo ejercen un pesado mutismo. Así comienza el diálogo entre el personaje principal, ourensano, y el letrado:

1. Flor, espíritu, ciudad.

**–[…] xa me vou deprocatando de que vostede non é deiquí…**

–[1]

Nada hay más egoísta que anular una voz para imponer un silencio. En las antípodas, la voz de Blanco Amor y su personaje –Cibrán O Castizo– están llenas de deudas y hermosas herencias. En esa lengua propia, la memoria se asemeja a una lápida cuando se la llama **mamoria** y el texto se llena de catalanismos, cómplice ayuda que Blanco Amor encuentra en sus compañeros de esquina peninsular. **Vegada, sortir, aturar**[2] acuden a la larga parranda de *A esmorga* para colmar nocivas afonías.

La normativización de una lengua es siempre un paso necesario para su uso en todos los ámbitos de la sociedad. Es, si cabe, más urgente en lenguas minorizadas donde el derecho a publicación, estudio científico y transmisión han sido hazañas más que acontecimientos. No obstante, nunca se puede tomar una norma como jueza de la lengua. Si yo no hubiese dado patadas a la gramática galega hoy no podría pronunciar dos frases. Cuando una norma judicializa la lengua, significa que hay hablantes culpables, infractores que deben ser condenados.

La poeta Olga Novo nunca podría escribir en sus poemas **as mans do meu pai**,[3] su padre tenía **maos** de Pobra de Brollón, abiertas y vocalizadas. Para el escritor Quico Valeiras, las comunas parisinas en la revolución no cantaban **o tempo da cereixa** normativo, sino **o tempo da ci-**

1. –Ya me voy percatando que usted no es de aquí…
   –
2. Vez, salir, parar.
3. Las manos de mi padre.

**reixa.**[1] Habrá quien considere intrascendente el cambio de dos vocales, una pluralización ligeramente distinta, pero en todo lo diminuto nos debatimos y constituimos. En cualquier lengua rumiamos un dialecto errado y agramatical. Para mí una flor siempre será una **chor** porque imaginaré a la madre de Blanco Amor vendiendo rosas en el mercado municipal de Ourense, al propio Eduardo llevando azucenas a los parques porteños para que las huelan de noche las capibaras.

Escribe Valeiras: **a historia das cireixas nada máis / que a poden pronunciar as bocas que as mastigan.**[2] Las palabras –como la tierra o las cerezas– son también para quienes las trabajan, aquellas que moldean en un aleteo de vocales las formas genuinas de la existencia.

Galiza, Galiza, Galiza

A la poesía se debe llegar a destiempo. Es entonces cuando el encuentro fortuito teje impensables lazos que fundan para siempre tu visión. Llegué tarde, bastante tarde, a una poeta como Xela Arias. A medio camino entre Vigo y Coruña, Arias supuso para la lengua galega de finales del XX un motor revulsivo contra los diccionarios an quilosados de la costumbre. Ella misma decía:

> **Escribir pode ser de por si un acto revolucionario, pero facelo en galego –cultura, repito, minorizada e devaluada, anque agora se tente unha certa revaluación–,**

1. El tiempo de la cereza.
2. La historia de las cerezas nada más / que la pueden pronunciar las bocas que las mastican.

**escribir en galego si é unha revolución sempre. O malo é que é a única revolución que a maior parte dos poetas galegos se permiten.**[1]

Claro que optar por la poesía o por una lengua en desventaja hegemónica es un acto reivindicativo, pero no basta. El uso turistificado y ornamental de las lenguas propias es una de las formas más perversas de menosprecio y vaciamiento, una cómoda y acrítica posición que se ampara en lo superficial. Toda la migración galega de Bilbao vio cómo el franquismo celebraba en 1964 su **25 bake urte**[2] en euskera, lengua a la que ellos mismos no podían acceder por la propia política del régimen contra todo idioma o ser viviente que se torciera de la grandísima y mediocre uniformidad. La Sección Femenina podría bailar una muñeira con **xeito**,[3] pero en los espacios importantes acorde a su sistema de valores se imponía el castellano.

**País** es una forma tradicional y propia de referirse al territorio galego. Al igual que en francés, su uso se aplica a regiones o unidades geográficas. La palabra apela perfectamente a la comunidad territorial que es Galiza. Cualquier persona hablará con orgullo del **queixo do país**,[4] incluso te puede recomendar un **viño do país**.[5] Mucho más difícil es que se refieran a Galiza con esa naturalidad. Pero sin

1. Escribir puede ser de por sí un acto revolucionario, pero hacerlo en galego –cultura, repito, minorizada y devaluada, aunque ahora se intente cierta revaluación–, escribir en galego sí es una revolución siempre. Lo malo es que es la única revolución que la mayor parte de los poetas galegos se permite.
2. 25 años de paz.
3. Gracia.
4. Queso del país.
5. Vino del país.

rascar demasiado, un dudoso galeguista como Alberto Núñez Feijóo declaraba en 2010 a la prensa: **Galicia é un país libre e bilingüe.**[1] No hay nada más cruel que revestir de diversidad tus políticas homogeneizantes. Mientras el presidente de la Xunta hablaba de ese país libre, su gobierno impulsaba uno de los decretos educativos más nocivos contra las lenguas propias en toda Europa. La capacidad de fagocitar sensibilidades es abrumadora. El dictador Francisco Franco, sin ir más lejos, fue académico no numerario de la Real Academia Galega hasta 2009. Tal vez fuera por sus conversaciones en galego con Salazar.

En toda esta ristra de autoodio y destrucción amable de la diversidad, el ejemplo paradigmático lo encarna un señor radioactivo que lucía bañador en el NO-DO: Manuel Fraga. El ministro franquista y fundador de Alianza Popular, además de ser académico no numerario como su caudillo, guarda otras curiosas declaraciones sobre su lengua materna. Al entonces discípulo Rajoy le espetó: «vete para Madrid, aprende gallego, cásate y ten hijos». De forma muy sintética, Fraga resumía: galego, sí; Galiza, no. Otras perlas progalegas se recogen en las hemerotecas de 1993. En su reelección como presidente de la Xunta, Fraga era tajante: solo participaría en debates retransmitidos para Galiza y en galego.

¡Cuánta razón tenía Xela! Interpretar escénicamente palabras no implica una conciencia sobre la lengua propia, tampoco una revolución. De la mano de esos titulares, la política lingüística de la Xunta ha hecho caer en picado el número de hablantes y la transmisión del idioma. Se genera una peligrosa posibilidad: puedes matar el galego mientras lo hagas en galego. ¿De qué sirve cantar en una taber-

1. Galicia es un país libre y bilingüe.

na **Fai un sol de carallo** si después no defiendes esa lengua en los códigos penales?

Por suerte, Galiza cuenta con ingentes cantidades de retranca. Cuando Fraga se presentó a la Xunta por primera vez, escogió como eslogan: **Galego, coma ti.**[1] Uno de los carteles pasó toda la campaña pintado. En brocha gorda, la voz de la conciencia escribía: «tururú que te vi».

### Muxía

Las palabras hablan por ellas y por su envés. En la otra orilla de los nombres reside un significado vivo, un cuerpo sin fonemas que yace junto a los roedores y las culebras, en el lugar de lo que nutre y fertiliza. Muxía, como todos los pueblos de la Costa da Morte, estuvo aislado de cualquier núcleo de poder, ligado así al horizonte, a la tierra y a la bruma. Ante tanta libertad, la villa se llenó de conventos y sucursales del incienso que promulgaban el abandono de las creencias y los ritos previos al catolicismo. La etimología de la localidad proviene directamente de **Monxía**, lugar de monjes. En su reverso, lugar de paganas esperanzas. Por mucho que la palabra dicte, difícilmente se borra la estela que la precede, su sustrato.

Frente al santuario da Virxe da Barca se halla **a pedra de abalar**,[2] gigante mineral que dictaba durante siglos con su temblor el porvenir. El futuro que proclama el tótem al virar anda de capa caída; en 1978 la piedra se desplazó de su espacio milenario por un temporal y en 2014 se rompió. El error siempre acarrea símbolo, no hay accidente

1. Galego, como tú.
2. Piedra que oscila.

que no surja de la conciencia. Entre esas dos fechas, la costa de Muxía fue el punto cero del desastre del *Prestige*, una de las mayores catástrofes medioambientales de nuestro tiempo. La gestión política de la tragedia hizo aflorar una etimología apócrifa de la democracia, falsa desde la lingüística, tristemente cierta en los sucesivos gobiernos de Galiza. Si la democracia debiera ser el poder del *demos* –la palabra griega para el pueblo–, el galego da pie a una perversión: deformar la democracia en el poder **do demo.**[1] El deslizamiento no es baladí, constituye un envés tan peligroso como recurrente que confunde la soberanía popular con el privilegiado ejercicio de la maldad.

Muxía lleva en el nombre la huella de una conversión, el aniquilamiento de visiones que ya no volverán a poblar ese espacio. Además, el pueblo ha sufrido la muerte ecológica de sus costas. Ante esas dos presencias perecidas que signan la villa, quise conocer el cementerio local. Escribe la poeta María do Cebreiro que **a dor xera comunidade**;[2] efectivamente, los traumas generan redes sociales de resistencia, también de miedo o de rechazos. La comunidad surge en los mercados o la lonja, pero no hay espacio más emblemático de la asamblea que el camposanto. Los cementerios también son lugares de palabra. Entrando allí, imaginé generaciones analfabetas que, al morir, quedaban solapadas entre letras, números y nombres propios. Algo raro percibí cuando esas mismas letras, como en todo espacio coordinado por los poderes eclesiásticos o políticos, recordaban los muertos ágrafos en lengua castellana.

El último dato disponible cifraba en un 91,7 % la cantidad de galegofalantes en Muxía. De las 381 tumbas

1. El demonio.
2. El dolor genera comunidad.

que conté en su cementerio, solo treinta y tres estaban en lengua galega. El pueblo de los vivos que en un 91,7 % **fala**, cuando llega a la parroquia de los muertos, solo continúa **a falar** en un 8,6 %. La poeta Chus Pato dice: **estranxeira na miña propia historia / na miña propia paisaxe / na miña propia língua / eu tamén.**[1] El espacio institucionalizado (véase un cementerio católico) convierte al galego en envés y nombra en una lengua otra a sus habitantes.

En las poblaciones costeras, numerosas mujeres galegas eran consideradas **viúvas de vivo**, viudas de marineros desaparecidos al otro lado del horizonte. Gran parte de ellos no fallecían; marchaban a otra vida, se disipaban en la niebla dejando atrás hijos y familias. La muerte no era morir, sino no estar. Quien hoy visita el cementerio de Muxía se convierte en **viúva de vivo** de una lengua que es, aunque no esté. Son incluso más las cuarenta losas sin texto. La composición idiomática del cementerio se organiza entre castellano, silencio y galego. El poeta Jesús Castro Yáñez pide en unos versos **facer do silencio / unha arqueoloxía íntima onde recordar é coidar.**[2] Los deseos impositivos colocan conventos donde se profesan creencias herejes y una lengua prestigiada donde laten idiomas paganos. Mientras, el galego enuncia lutos con la humildad silenciosa de quien lleva pan y velas a la comunidad de los muertos.

La realidad es profundamente inverosímil. Tan impensable parece un pueblo que vive en una lengua y mue-

1. Extranjera en mi propia historia / en mi propio paisaje / en mi propia lengua / yo también.

2. Hacer del silencio / una arqueología íntima donde recordar es cuidar.

re en otra como que la responsabilidad legal y civil del *Prestige* fuese, única y exclusivamente, del barco que transportaba toneladas de petróleo. No solo hay ilógica en la realidad, sino que se repite demasiado a menudo y en sucesivos ámbitos. La reciente crisis de pellets en la costa galega seguramente no lleve a ninguna administración pública a los tribunales por su mala gestión basada en la mentira. El culpable civil volverá a ser un buque de acero o la mala suerte.

Esta realidad ilógica brota también en otras geografías. A solo una letra de distancia, Muxika es un pueblo vasco cuyo nombre no viene de monjes. Son los melocotones en euskera quienes nominan a este municipio con un 89,58 % de hablantes de euskera. Seguramente su cementerio, como el de Muxía, hable castellano y silencio antes que la lengua propia de sus convecinos. La irracionalidad es uno de los fundamentos del sistema dominante.

Castelao se adelantó a esta situación anómala con *Un ollo de vidro*, un breve cuento donde se narran las memorias de un esqueleto en el camposanto. En cuanto el protagonista se despoja de su carne, accede hecho huesos a las avenidas de panteones. Al conocer a sus paisanos, el esqueleto escribe:

> **o que máis me fireu daquela xente foi que non quixesen falar galego, sabendo que os esqueletes non poden falar ben o castelán. Non ten volta que darlle: sen gorxa non pode pronunciarse a «j» nin a «g» fortes.**[1]

1. Lo que más me dolió de esa gente fue que no quisiesen hablar galego, sabiendo que los esqueletos no pueden hablar bien castellano. No hay vueltas que darle: sin garganta no puede pronunciarse la «j» ni la «g» fuertes.

Tirando de retranca, Castelao se queja de esa institucionalidad del deceso donde, por arte de magia, un hablante materno de galego pasa a ser recordado por sus hijas y nietos en lugar de por sus **fillas e netos**. Castelao hila incluso más fino: además del protagonista, el único que habla galego en la urbe de los muertos es un esqueleto inglés.

Como ese extraño inglés, dejo en una tumba pequeña y anónima unas **herbas de namorar** –flores abundantes en Galiza– y una piedra con vocación de **pedra**. El guijarro seguramente no anuncie el futuro como la **pedra de abalar**, pero sí intuye un presente y un anhelo. La escritora Berta Dávila tiene un verso exacto: **agora teño mortos polos que prometer.**[1] Mi deseo y mi promesa, como vivo y getafense, es la de no concebir el mundo desde la conquista. Cuando visito el cementerio de Carabanchel, los pequeños nichos recuerdan a mis antepasados en su lengua materna, el castellano. Me gusta que convivan con las palabras con que se enamoraron, imaginaron otro mundo y también sufrieron. Renuncio a ser hablante de un idioma que desembarca como una marea negra y viscosa, no deseo tener como propia una lengua soberbia que relega aquello que más nomina y con mayor precisión define. Hablo en galego a las tumbas de Muxía porque sé, como también escribe María do Cebreiro, que **non hai ataque aos outros / que non sexa, en realidade, / un ataque a nós mesmos.**[2]

1. Ahora tengo muertos por los que prometer.

2. No hay ataque a los otros / que no sea, en realidad, / un ataque a nosotros mismos.

Que **a poesía é un gozar que non se da sen conflito e sen risco**[1] lo sabe bien la poeta Luz Pichel. El riesgo más que probable a no saber, el gozar de un lenguaje amasado para atraer lo complejo. Pichel inició hace varios años una escritura disonante en la tradición literaria galega al escribir desde el castrapo. Originalmente, el castrapo se refería al castellano básico que cualquier campesino galego empleaba ante un médico o un juez. Era este un castellano a gatas en bocas galegas donde la sintaxis más básica era el balbuceo. En el poemario *Tu existe*, Pichel trabaja con esa lengua desprestigiada por una y otra academia (la galega y, por supuesto, la española) desde Vilar de Bande, aldea en la Baixa Limia, donde escucha a sus paisanos. Esta zona entre Ourense y Portugal tiene la fuerza de la frontera, de un vivir atravesado por la mezcla y la disolución de los rayajos que cubren como venas los mapas políticos. Las fronteras aceptadas pueden ensombrecer otras lindes más sutiles: lenguas dominantes frente a lenguas achicadas, lenguas de telediario frente a lenguas de siembra... Pichel encuentra la línea divisoria y su impertinencia: **veño dun espazo-tempo onde andaban escasos os beixos que aquí chamamos bicos e noutros lados beixos e aínda ósculos/beijinhos xa virán dun amor portugués.**[2] Reivindicar la diferencia tiene que ver con aplaudir lo múltiple. Lo mejor de que existan besos y **bicos** es contar con dos formas y no una, tener más palabras, que devienen en más pensamiento y más acción.

1. La poesía es un goce que no se da sin conflicto y sin riesgo.

2. Vengo de un espacio-tiempo donde andaban escasos los besos que aquí llamamos **bicos** y en otros lados besos e incluso ósculos/**beijinhos** ya vendrán de un amor portugués.

Llegados a la frontera, la división parece inútil. Efectivamente lo es para los regatos y los jabalís que hozan, pero por inservibles que sean las fronteras pueden acarrear mucha violencia. Erín Moure es una poeta y traductora canadiense, bisnieta de emigrante galego que palpó sobre el Atlántico el dolor de la frontera. Sobre esas fracturas del territorio, Moure escribe en galego: **atravesamos fronteiras para ser testemuñas das fronteiras, que existen. Que prohiben a pasaxe de moita xente, moitos individuos, seres. Atravesar é un privilexio.**[1]

Cuando el delirio se instaura como régimen, el privilegio de las fronteras se constriñe hasta apretar al último de los ciudadanos, también a la última de las lenguas. No tan lejos de Baixa Limia, en la ciudad portuguesa de Valença do Minho, el filólogo Aníbal Otero llevaba en su coche cuadernos y bolígrafos. Se bajaba en las aldeas, anotaba extraños signos y marchaba con su automóvil cedido por el gobierno de la República. Otero trabajó desde 1928 en el Atlas Lingüístico de la Península Ibérica, recogiendo datos y transcripciones fonéticas entre Galiza y el norte de Portugal. Apuntaba la pronunciación de las palabras, como Luz Pichel iba pensando en los besos. El 5 de agosto de 1936 fue detenido por las tropas salazaristas. Tenía veinticinco años. Que días después del golpe de Estado un joven humanista anduviese con cuadernos por la frontera era causa suficiente para señalarle como espía. Espía soviético. Al ser deportado a la ciudad de Tui, se le condenó a cadena perpetua, aunque solo sufrió el presidio hasta 1941.

1. Atravesamos fronteras para ser testimonios de las fronteras, que existen. Que prohíben el paso de mucha gente, muchos individuos, seres. Atravesar es un privilegio.

También en Tui los falangistas habían arrojado al río una estatua de Sócrates realizada por el pintor Benito Prieto Coussent un par de meses antes. En Compostela, el alcalde y editor Ánxel Casal viviría sus últimas tardes de llovizna antes de ser fusilado un 19 de agosto, la misma fecha que su amigo Lorca. La locura del fascismo tuvo por enemigos a un filósofo de la época de Pericles, un editor en lengua galega y un fonetista que transcribía el habla de los labriegos. En la aldea de O Barqueiro, como en muchos otros puertos de la costa galega, un cartel anuncia junto a los barcos: **coidado, perigo indeterminado!**[1] Para el pensamiento mono- (monolítico, monolingüe, monoteísta, monopólico) todo lo indeterminado es un peligro, bien sea la fonética o la antigua Grecia.

El miedo a lo indeterminado sigue pululando en muchos sectores de la ranciedad. Otro alcalde de Compostela, Martiño Noriega, me contó que en la carrera de Medicina era de los pocos alumnos que escribía sus exámenes en galego. Por lo general, su nota estaba siempre dos o tres puntos por debajo de la de sus compañeros. La excusa no era el uso de la lengua, permitida tan solo unos años antes de que comenzase la carrera, sino la legibilidad. Para no darle ese gusto a los catedráticos, Noriega cursó todos los estudios de medicina redactando sus exámenes en mayúscula; si le querían discriminar, debían determinar cuál era su peligro. La pensadora feminista bell hooks hizo una vindicación de la minúscula como forma de nombrarse. En este caso, hooks hubiera apoyado que lenguas menguadas por una academia franquista y castellanohablante dijesen su nombre con las mayúsculas del alcalde Noriega.

1. ¡Cuidado, peligro indeterminado!

Por suerte, **os perigos indeterminados** no paran a los pesqueros que cada mañana marchan al horizonte. Tampoco impiden que las militantes en la belleza den con mayor ahínco y compromiso **beixos, bicos** y **beijinhos**. Aníbal Otero tenía proyectada una novela años antes de su presidio. Su idea era escribirla en castellano, pero tras esa fiebre de ignorancia que le condenó durante un lustro, redactó *Esmoriz* en galego. Otero tampoco dejó de hacer encuestas lingüísticas y transcripciones fonéticas en el patio de la cárcel, un testimonio de un preso con mucha retranca decía lo siguiente sobre él:

> **non me mandes máis a ese home, non che está ben da moleira ou querme tomar o pelo, pois si ti dis que é tan listo ¿¡non sabe o que é un xurelo!? Faimo repetir moitas veces, esgarabella unhas ringleiras e váise falando baixiño coma un tolo.**[1]

Siempre pienso en una conexión etimológica sin ningún sustento pero profundamente acertada. «Lugar» y «loco» podrían venir de una misma raíz latina, *locus*. Quien marcha hablando bajito no es solo divergente a la lógica poderosa, escoge un lugar desde donde existir y con el que identificarse. Otra loca ubicada fue Rosalía de Castro, que junto a Aníbal Otero emprendía otras divagaciones igualmente indeterminadas, lúcidamente peligrosas:

1. No me mandes más a ese hombre, no está bien del tarro o me quiere tomar el pelo, pues si dices que es tan listo ¿¡no sabe lo que es un jurel!? Me lo hace repetir muchas veces, garabatea unas líneas y marcha hablando bajito como un loco.

**din que non falan as plantas, nin as flores, nin os paxaros, / nin a onda cos seus rumores, ni co seu brillo os astros, / dino, pero non é certo, pois sempre cando eu paso, / de min murmuran e exclaman: / –aí vai a tola soñando.**[1]

Cereixa

Existe un lugar donde el mundo se llama Cereixa. Su verdadero nombre debería ser Cireixa, pues así pronuncian sus habitantes los frutos dulces y rojos. Un **verán** (que allí se convierte en un **vrao**)[2] fui para allá con un pretexto bien curioso: una campaña arqueológica en el castro de San Lourenzo. Creo que más bien marché a la estación de Monforte de Lemos con los versos de Silvia García en la cabeza: **fuxir dun cuarto pequeno / ser ousada // esperar a vida / como as cereixas.**[3] Esperé la vida que reside bajo la tierra de San Lourenzo. Fue la primera vez que mis manos urbanitas cogían un sacho para remover la tierra y leer sus mensajes. Había algo, sin embargo, sobre lo que reflexionaba en cada capazo lleno de piedras: lo nuestro era un ejercicio apócrifo de agricultura. Un sembrado accidental e insospechado seguido de una recogida sin tu bérculos ni alimento.

1. Dicen que no hablan las plantas, ni las fuentes, ni los pájaros, / ni la ola con sus rumores, ni con su brillo los astros, / lo dicen, pero no es cierto, pues siempre cuando yo paso, / de mí murmuran y exclaman: / –ahí va la loca soñando.

2. Forma normativa y dialectal de la palabra «verano», respectivamente.

3. Huir de un cuarto pequeño / ser osada // esperar la vida / como las cerezas.

Es mucha la belleza que contiene la tierra. En una excavación arqueológica la idea de deconstrucción y de sustrato no es una teoría disecada como mariposas en los libros, es una experiencia palpable. Se aprende con los brazos exhaustos y las agujetas que demuestran la complejidad de reverdecer el pasado, alumbrar las patatas de la historia. En San Lourenzo, lo primero que se encuentra al rasgar la tierra son pedazos de cerámica. Cuando ahondas se desvela la entraña: restos de una parroquia de la Edad Moderna sobre un probable asentamiento romano sobre unos probables vestigios castreños.

Manuel Rivas, farero de esa **língua que chove cos pés descalzos,**[1] afinó al escribir: **o galego ten efectivamente saudade, pero a expresión máis radical da saudade galega é a saudade das patacas.**[2] Esa palabra, saudade, puede tener relación con **saudar**[3] como gesto a lo añorado, con la **saúde**[4] de quien anhela, o con la **soidade**[5] en que nos deja a veces la espera. Al excavar junto a compañeras y paisanos de Cereixa, quería encontrar una suerte de **saudade das patacas** en lo que hacíamos, en esa exhumación tan idéntica al gesto de la labranza.

Cerca de Cereixa está Vilarmao, aldea que puede significar 'villa mala' según su etimología. No hay lugar más indicado que una villa mala para que nazca y viva la poeta Olga Novo, cuyo apellido en castellano significaría 'nuevo'. La novedad de ser mala, rebelde, es para la poesía una

1. Lengua que llueve con los pies descalzos.

2. El galego tiene efectivamente saudade, pero la expresión más radical de la saudade galega es la saudade de las patatas.

3. Saludar.

4. Salud.

5. Soledad.

tradición atávica. Olga también piensa en patatas al escribir sus versos, en la recolecta del tubérculo escuchaba de niña a Rachmaninov como escribe en su poemario *Feliz Idade*. La palabra «verso» procede del latín *versus*, que significa 'hilera' o 'surco'. El galego mantiene esta acepción en el verbo **vesar**, según la academia galega, **labrar [a terra] dándolle a volta, de maneira que a tona e o terrón vaian ao fondo do rego.**[1] El verso es también otro ejercicio de labranza, Olga Novo **vesa** y besa las palabras **porque na beleza da terra escriben con tinta / os vosos corazóns / eu aprendo.**[2]

Aprendí de la tierra, pero también de quien la habita. Con Edu cogía moras en los caminos, con Ánxela fallé en los pasos de la muiñeira, O'Regueiro saludaba desde su casa en A Zapateira y con Suso descubrí empíricamente el verbo «embodegarse». Candela, Carlos, Márcia, Leiras me mostraron una forma de acariciar el terreno, O Pulga, Claudia, Lúa, Rosa... Antes de Cereixa me había sentido «poeta de la alta hierba», pero fue en ese mundo con nombre de fruto donde me sentí «poeta de la baja patata».

Uno de los libros más famosos del galego es *O catecismo do labrego* de Lamas Carvajal, un texto antiguo pero cargado de destellos. El catecismo dice que **o mundo está cheo de gatos que andan sempre á caza d'os probes ratiños d'aldea,**[3] y es que el felino siempre sabe con exactitud cómo atosigar al ratón. Fueron los pazos, el latifundio, la

1. Labrar [la tierra] dándole la vuelta, de manera que la superficie y el terrón vayan al fondo del surco.

2. Porque en la belleza de la tierra escriben con tinta / vuestros corazones / yo aprendo.

3. El mundo está lleno de gatos que andan siempre a la caza de los pobres ratoncillos de aldea.

esclavitud. Son hoy los eucaliptos, la falta de servicios públicos, el pelotazo de un oligopolio disfrazado de verde renovable. Pero cuando los ratones **vesan** y besan la libertad, la trampa pasa a ser un ataque feroz. Las mujeres y hombres maquis resistieron en la comarca del castro hasta 1965, el mismo año en que nació mi padre. Cinco lustros luchando contra la dictadura desde los montes y los escondrijos, al acecho siempre de la zarpa convertida en tricornio o fusil. El arqueólogo y escritor Xurxo Ayán, hueso de esta cereza, impulsa en la aldea otro proyecto: excavar una casa de maquis, hogar precario donde se armó la resistencia. La misma resistencia antifascista que en Alemania, Francia o Estados Unidos es motivo de orgullo nacional. Esta recolecta de un pasado tan reciente es vital, con acierto Xurxo escribe que **en xeografía, as ausencias son ás veces máis significativas que as presencias.**[1] La geografía civil del Estado y de Galiza padece de mucho surco sin **vesar**, territorio yermo para la raíz que reclama su fruto.

La arqueología es, usando la expresión de Uxío Novoneyra, una **folga xeral contra a Historia.**[2] Contra la historia mayúscula, radicalmente opuesta a los exámenes de anatomía de Martiño Noriega. Contra la mayúscula que coloca el silencio de la letra hache como desprecio a la historia de ratones y patatas. Huelga que es, al mismo tiempo, juerga. Ambas palabras derivan del latín *folgare*, por lo que una reivindicación debe ser necesariamente una celebración de algo, una fiesta enérgica de quien reclama y lucha. En Cereixa saben muy bien lidiar con esa doble acepción, los hallazgos son diurnos y nocturnos. El día de San

1. En geografía, las ausencias son a veces más significativas que las presencias.
2. Huelga general contra la Historia.

Lourenzo fuimos de romería a bailar, beber y todo lo que pasa por no dormir. Al día siguiente, como esos personajes de *A esmorga* de Blanco Amor, andábamos resacosos a piques de cerrar la campaña. Tras semanas trabajando, resistimos la última jornada con mucha libertad: en lugar de coger las palas, anduvimos fisgoneando con el pincel en unas tumbas ya desenterradas. Ese gesto me llevó a encontrar una cuenta de hueso y pasta vítrea de un collar prerromano. Las compañeras localizaron hasta veintitrés de ellas, llegando a componer buena parte del collar: la juerga dio sus resultados.

Supongo que nunca más seré partícipe de un hallazgo arqueológico, pero la vida llegó esos días súbita como una cereza, enérgica por poder **aprender**[1] y sentir que tengo una aldea, una aldea propia. Un diccionario azul fue la puerta de acceso, pero allí me vi llover con pies descalzos, celebrar la huelga de las patatas. Sentí raíces injertadas a mi procedencia de olivos y centeno, unas raíces que según Olga Novo **non te atan, senón te elevan ás pólas dunha árbore infinda.**[2] Desde esas ramas, comí y gocé donde el mundo se llama Cereixa.

A Guarda

Cuando alguien me pregunta por qué hablo galego, pienso instintivamente en Celso Emilio Ferreiro, poeta que dejó para la posteridad estos versos: **língoa proletaria do meu pobo / eu fáloa porque sí, porque me gosta, /**

1. En galego se puede emplear con el significado de 'aprender' o 'enseñar'.

2. No te atan, sino te elevan a las ramas de un árbol infinito.

**porque me peta e quero e dame a gaña.**[1] Hablo porque sí y es motivo suficiente. Hablo y no es ninguna anomalía, lo verdaderamente extraordinario es que el 25 % de los jóvenes galegos no dominen la lengua propia de su tierra. Sin embargo, algún quisquilloso podría decir que Ferreiro habla de su pueblo, que no es el mío. Pues bien: no y sí, depende. No tengo sangre galega, pero soy sensible a una tierra que tantos aprendizajes me ha regalado. Además, mi abuela Carmen nació en La Guardia, un pueblo al norte de Toledo. Tampoco será tan diferente esa Guardia de A Guarda, pueblo en Pontevedra postrado frente al estuario del Miño.

A Guarda tiene un castro excavado desde donde se otea el horizonte. La Guardia, profundas cuevas donde vivieron, entre muchas otras, mi tatarabuela Sandalia. A Guarda es mirada por un océano. La Guardia convive con mares de trigo donde jugaron subidas a la trilla niñas sin escuela. Lo importante no es el espacio, sino lo que se guarda: la resistencia como membrillo en el armario, lo pequeño como llave bajo la maceta, dispuesta a abrir algo.

Defender una lengua es defender el lenguaje, defender una identidad es defender la diversidad. Cuanto más lejos, cuanto más impropio, mayor la estima, más grande el regalo. Junto al feminismo, la ecología es el movimiento más transversal y capaz de definir las reivindicaciones de nuestro tiempo. En galego, entenderíamos muy bien que **ecoloxía** no se restringe al cuidado de nuestra naturaleza ni a la búsqueda de modelos sostenibles que respeten la vida como mayor y único bien. **Ecoloxía** en galego implica guardar de la destrucción todo cuanto esté en nuestro **colo**,

1. Lengua proletaria de mi pueblo / yo la hablo porque sí, porque me gusta, / porque se me antoja y quiero y me da la gana.

es decir, lo que pertenece al ámbito del regazo, aquello que se estima y se acuna. Desde ese mismo espacio habla la poesía como demuestra la voz de Lupe Gómez: **aprendo a escoitar as nubes, a traballar a terra e a ler o ceo, / no teu colo.**[1] En mi regazo están imprescindiblemente los pueblos, las lenguas y las personas que desde una mula o un barco hicieron este mundo algo más habitable.

Es cierto, galego, que muchas veces se habla de tu futuro, de los datos cada vez más graves, de la acción política cada vez más deplorable, de una situación objetivamente frágil. Hay quien solo habla desde la muerte, tomando las cosas por inexorables fechas de caducidad. Así, nos preguntamos si el libro en papel desaparecerá, si la poesía está en las últimas, si la memoria histórica o las lenguas minorizadas están abocadas al desvanecimiento. Pero nunca se habla del capitalismo, la prima de riesgo o la monarquía en estos términos.

No quiero pensarte desde la muerte, me niego a ello. Habrá quien crea, galego, que se trata de ingenuidad, que hablo desde fuera, sin pedir todas las mañanas un **café con leite** y que me pregunten «¿café con leche?». Habrá quien crea que esta visión intenta **fechar a porta con chave / para que non entre a auga.**[2] La poeta Dores Tembrás concebiría estos versos con un significado bien distinto, pero creerá de igual modo que un idioma de exilios, marchas y trashumancias no cierra a nadie sus puertas. Tampoco clausura la esperanza a reparar los golpes recibidos, a florecer en un tiempo ya en construcción. Sabes, galego, que lo que se guarda en el regazo se debe extender al forá-

1. Aprendo a escuchar las nubes, a trabajar la tierra y a leer el cielo, / en tu regazo.

2. Cerrar la puerta con llave / para que no entre el agua.

neo. En castellano, un abrazo tiene género masculino y un brazo interior con el que apretar, retener. En galego, **a aperta** posee género femenino y está íntimamente ligada a la apertura, la ampliación de horizontes. No en balde, Sol Mariño escribe **liberdade que me aperta.**[1] La mejor forma de amar en libertad no es pertenecer al vínculo de la sangre, sino a la potente alianza de la belleza. Con el galego no tengo vínculos, prefiero decir vencejos. Aunque no es frecuente en la actualidad, esta palabra nombra, además de al pequeño pájaro, a la ligadura con que se ata algo. Es imposible querer lazos sin vuelo, abrazos sin su libertad que ensancha.

Ahí te encuentro, galego, en la guardia que no es frontera y no rechaza, bajo macetas y felpudos porque acertaba el poeta Manuel María al decir que **o idioma é a chave / con que abrimos o mundo.**[2] Abro el mundo desde ti porque toda llave merece una puerta que besar.

Y si alguien todavía buscase una explicación, alguna más, tendría conmigo todos los regazos encendidos que guardan dignidad y belleza. La próxima vez no responderé con Ferreiro, ni con A Guarda, ni siquiera con la larga historia de los diccionarios. Repetiré como llaves, **benquerido galego**, las palabras de Xohana Torres. Como ella, pensaré que **existe a maxia e pode ser de todos. / ¿A que tanto nobelo e tanta historia? / Eu tamén navegar.**[3]

1. Libertad que me abraza.
2. El idioma es la llave / con que abrimos el mundo.
3. Existe la magia y puede ser de todos. / ¿A qué tanto ovillo y tanta historia? / Yo también navegar.

# QUIESTO ARAGONÉS

Alcoleya de Cinca

La carta juega con lo desconocido. Quien escribe no puede adivinar la vida de sus palabras cuando marchan al buzón, se transportan en manos anónimas, provocan gestos que el remitente no verá. La lengua juega con lo desconocido. Quien escucha y habla aquello que no le fue dado de nacimiento, formula un mundo a la medida de su limitación, de lo que no sabe pronunciar, los calcos que arrastra de su idioma, las pavesas de comprensión que atrapa azarosamente. Sumergirse en el juego supone desposeer las reglas, también su consecuencia. Por eso llego a ti, aragonés, lengua que apenas he visitado. Amar lo desconocido es, en nuestra lejana relación, el mayor vínculo y sostén.

De Aragón tengo recuerdos vagos y puntuales. Mi abuelo Eleuterio dejó su pueblo de Córdoba para hacer el servicio militar en **Chaca**, que él llama Jaca. Mi amiga Elia viene de una estirpe herrera de Cella, en Teruel. Visité Belchite un día de invierno y viví junto a mis dos hermanas un brote de piojos en un hotel de Zaragoza. De mi abuelo deduzco la nieve, fue la primera vez que salió de su valle para encontrarse con un cuartel helado y un mundo hasta entonces imposible. Montañas, el románico, paisajes y saltos de agua que tal vez nunca hubiera deducido. De Cella averiguo las lenguas, porque esa misma palabra significa 'ceja' en català y aragonés. Mirar un mapa de Aragón implica rastrear un bosque de idiomas; neveros de íbero, rastros de català, pervivencias de aragonés. De Belchite entendí la ruina, el destrozo presente en el que viven los gatos, la radical actualidad de toda memoria que moldea los miedos de un pueblo. Y de los piojos, ¿qué aprendimos de los piojos? Poco o nada. Esa noche quedó para mis padres impregnada de vinagre y champú. Para mis hermanas y para mí tuvo la risa de vernos con gorros, pasar la lendrera por nuestras cabezas y ver la tele sobre una cama blanca.

Busco la palabra piojo en el diccionario aragonés. Las propuestas son múltiples: **pedullo, pegollo, piello, alicancano**. Para hablar de aquel festín que teníamos en nuestras cabezas, decir «piojo» a secas se queda corto. En nuestro pelo también había **alicancanos** y una marabunta de **piellos**. Eso que desconozco me nombra. Esa voz que no he oído, también habla de mí. El poeta oscense Ánchel Conte escribió: **a mía voz ye a de tú / y a d'ixa chen / que no conexemos / ni tú ni yo.**[1]

Sin conocernos, aragonés, reconozco las voces que te acompañan. Tus **tusco-muscos** son el mismo **luscofusco**[2] galego, compartes **borda o muga**[3] con el euskera y un **espiello polito** no es tan diferente de un **ispilu polita.**[4] En

1. Mi voz es la tuya / y la de esa gente / que no conocemos / ni tú ni yo.

2. Atardecer.

3. En aragonés y euskera, 'pajar' y 'frontera, límite'.

4. En aragonés y euskera, 'espejo bonito, lindo'.

català, **el món** es el mundo, mientras que en aragonés **lo mon** designa el monte. Para un pueblo montañoso, ¿cómo no va a tener el mundo la medida de monte? Igual que procuramos el comercio local, las palabras tienden a acertar más cuando nacen en su misma geografía. Como cualquier lengua, como cualquier gesto colectivo, el aragonés es producto de aleaciones, de memoria y de profundas escuchas al entorno, la naturaleza, el agua; todo lo que fuera de nosotros nos conforma. La poeta y veterinaria Lucía López Marco transmite en un poema a su hija algo que también reverbera al pensar en la lengua: **no xublides / que yes o resultau d'una ecuación feita / de cheneracions d'amor.**[1]

Pero toda pulsión convive con su otredad. El amor de generaciones y hablantes de aragonés ha convivido con el esfuerzo más desagradable de la represión por imponerse. Desagradable porque no le agrada lo diverso, porque basa su identidad y su lengua en la prohibición de otras, más pequeñas y sin los mismos recursos. El actual presidente de Aragón propuso quitar al aragonés el estatus de lengua propia de Aragón. Invoca un tipo de libertad muy habitual en nuestros días que se reduce a la «libertad de prohibir», es decir, elevar la discriminación a la categoría de derecho. Cuando la extrema derecha estaba en el gobierno amenazaba con quitar la ayuda pública que recibe anualmente la Academia Aragonesa de la Lengua, veinte mil euros. Lo mismo que cobra la presidenta de las Cortes de Aragón, de VOX, en cinco meses. Esa misma persona, Marta Fernández, publicó en redes sociales antes de asumir su cargo una polémica reflexión. Según ella, las feministas son

1. No olvides / que eres el resultado de una ecuación hecha / de generaciones de amor.

«las nietas de los cristianos que echaron a los moros de la península para que pudieran pasear en tetas por la calle». Siguiendo esta lógica, Fernández será consciente de que esos cristianos superhéroes hablarían, en la tierra donde cumple con su cargo, aragonés o català.

El aragonés es una lengua en peligro de extinción, sus hablantes y conocedores se cifran en torno a 56.000 y se reducen a 7.000 los que lo hablan regularmente. De no ser por una extraordinaria movilización ciudadana habría desaparecido hoy. ¿Qué asusta de esta lengua, cuál es su peligro? ¿Acaso cuenta con algún privilegio? La libertad de prohibir es una falsa noción de lo que significa legislar. Lo que estrecha, ahoga y oprime nunca es un derecho, ni para los hablantes ni para aquellas personas que, con muchos otros idiomas, conviven en el territorio.

Acercarse a ti, aragonés, supone palpar una lucha que desde el siglo XVI se dirime entre quien existe y quien destruye. Lástima que esas mismas identidades destructivas se llamen con frecuencia conservadoras. No conservan un entorno, una cultura o una memoria. Solamente mantienen su privilegio. La poeta Pilar Benítez narra en un poema esa sensación constante de lanzar piedras contra un Goliat estragador:

> **Replegó flors / feridas d'ibierno / dica que as pochas d'o pantalón se creboron. / Enguisó pochas de pantalón / esbinzadas / dica que as agullas / s'espuntoron. / Fizió punta á as agullas / garricrebadas e mochas / dica que o ibierno / firió nuebas flors. / E tornó a prenzipiar como Penélope.**[1]

1. Recolectó flores / heridas de invierno / hasta que los bolsillos del pantalón se rasgaron. / Zurció los bolsillos del pantalón / hernia-

Una y otra vez se suceden las violencias, las imposiciones y los débiles argumentos que se lanzan como bombas. ¿Si la habla tan poca gente, qué importancia tiene? ¿Adónde te lleva saber aragonés? ¿Para qué sirve? ¿Y si no existiesen, qué pasaría? Pasaría exactamente igual que si no existiesen La Aljafería, el castillo de Loarre o el estilo mozárabe. No pasaría nada y pasaría todo. Ánchel Conte relata lo mismo en unos versos:

> **Falta la voz de l'amigo, o suyo ceño, a gollada. / Ye como si robasen d'o paisache a torre, / os árbols y as Ripas. / Tot ye igual, pero falta el, / a suya voz, o ceño y a gollada.**[1]

La extinción de una lengua es, por definición, un evento trágico para el conjunto de la humanidad y un fracaso como sociedad. Si se considera a un territorio como una **borda** alquilada para ir a esquiar y a una población como mano de obra, el impacto de no oír **volandrina**[2] en la plaza de Fonz es, efectivamente, nulo. Pero para la poesía, también para aquello que llamamos democracia, dejar caer esa aleación única que une bajo una misma **volandrina** a mariposas y golondrinas es renunciar a toda una mirada y un futuro posible.

Ana Abarca de Bolea fue una intelectual y escritora en aragonés del siglo XVII. En un escrito de la época, religioso

---

dos / hasta que las agujas / se despuntaron. Dio punta a las agujas / perniquebradas y melladas / hasta que el invierno / hizo nuevas flores. / Y volvió a comenzar como Penélope.

1. Falta la voz del amigo, su gesto, la mirada. / Es como si robasen del paisaje la torre, / los árboles y los riscos. / Todo es igual, pero falta él, / su voz, el gesto y la mirada.

2. 'Mariposa' y 'golondrina'.

y popular, escribía: **dIránlo los villancicos / y dIránlo los cantors / dirélo yo que m'enfuelgo / de repiquetiar a voz.**[1] En un mundo que aboga por el silencio, repiquetear la voz es siempre un acto de celebración. Y yo, aragonés, que comparto con tu tierra piojos, memoria y nieves ajenas, siempre estaré en la **muga** de quien clama, escribe y pronuncia la alegría.

Uesca

**Paixaro**. El más pequeño **pajarel** y los implumes **en chinchetas**. Si está aún en el nido, **fillesno**; si es una cría, **natón**. Pongamos por caso un **paixarico** que pía en el pueblo de Chistén. Sobrevuela veinte kilómetros de montañas y bosque, se posa sobre una rama de Benás. Cuando nuestra ave vuelve a piar su canto es, para quien lo escuche, el de un **muixonet**.

Como formulaciones químicas, los nombres del pájaro en aragonés son sensibles a cualquier diferencia, dejando una estela de palabras que indagan y alumbran al pequeño volador. Esa delicadeza para nombrar deviene inevitablemente en un trato afectivo. Ramón Acín, intelectual, escultor y anarquista oscense, no dudó en liberar a su ave de la jaula donde vivía para poner en ella una pajarita de papel. Con el tiempo, ese ser de líneas rectas y aristas levitantes fue la escultura más conocida del artista. *Las Pajaritas*, dos grandes estructuras metálicas en honor a esa liberación, observan desde hace casi un siglo los juegos de los niños en el parque oscense Miguel Servet. Ramón Acín

1. Lo dirán los villancicos / y lo dirán los cantores / lo diré yo que me alegro / de repiquetear la voz.

fue un liberador por naturaleza. Para ayudar a huir a un camarada zapatero en Chaca tras la sublevación republicana de 1930, le pintó un bigote con el que pasó desapercibido la frontera. Pedagogo y difusor cultural, Acín militó en cuantas palabras hermosas se pueden depositar en la conciencia. En 1936 fue una de las primeras víctimas del golpe de Estado en Uesca. En su casa, con la misma delicadeza de quien libera aves, quedó una caja de música con «La última rosa del verano», canción de la ópera *Martha* basada en un poema irlandés. Llevó en su bolsillo lápices de colores. La última rosa de ese estío sanguinario no fue él: días después Conchita Monrás –pianista y compañera de Acín– sería fusilada en la misma tapia del cementerio. Sus dos hijas quedaron huérfanas. A una de ellas, Katia, la obligaron a cambiar su nombre por un apostólico, romano y españolísimo Ana María.

En cuarenta y ocho años de vida, Acín publicó en el diario *Solidaridad Obrera* una sección de artículos llamada «Florecicas». También dejó los borradores de una obra cómica que se acercaba al habla popular, atisbando en el aragonés borrado de su Uesca natal una potente fuerza creativa. En su juventud, escribió un manifiesto que acababa con esta reflexión:

> Tenemos por bandera el amor a la cultura, el culto de la fraternidad y de la libertad y así el fracaso nunca será con nosotros: podremos ser pocos, mas entonces tocaríamos a más amor.

El pensamiento de Acín es esencial para la lengua. La expansión territorial, el número de hablantes o las magnitudes numéricas no pueden eclipsar la grandeza cultural, civil y poética de un idioma. Además, lo pequeño y lo grande tiene muchas escalas; ¿cómo vamos a llamar «pequeña» a una lengua que reúne hasta ocho formas en su diccionario para nombrar a los pájaros? En ese y muchos otros aspectos, el aragonés tiene una dimensión inconmensurable. A las lenguas se las ordena por tamaños, pero las unidades de medición son siempre opuestas a criterios como la belleza o la ternura.

La misma ciudad de *Las Pajaritas* dejó en la Edad Media una de las fuentes textuales más emocionantes de la lengua aragonesa. Entre 1444 y 1465, se acumularon distintos apuntes que hoy conocemos como *Libro de los muros*. Anotaciones sobre sueldos, materiales y derrumbes de la muralla de Uesca suponen uno de los títulos más interesantes del aragonés medieval. Por supuesto que hubo fueros, leyes y textos eclesiásticos. Muy contrario es este libro, que con la humildad del **paixariquet** deja imágenes cotidianas: **logue hun asno e un hombre pora carriar agua, compre dos libras de claus.**[1] Aunque el contexto nos hace entender que se habla de clavos, el aragonés y el català encuentran en la misma palabra **clau** una 'llave' y un 'clavo'. En castellano, siempre hubiera pensado en estas dos palabras como antónimos: un clavo fija, mientras que una llave abre. Aquello contrapuesto, visto desde otra lengua, abole su dicotomía y ocupa las mismas sílabas. Un idioma minorizado durante medio milenio rara vez se enfrenta a su entorno con aires de imposición. El vagar de un zapatero rebelde o las pisadas de la lengua herida contienen una relación pacífica y respetuosa, anhelante y atenta. Mariví Nicolás puso el acento entre esos dos caminos, la oscuridad de quien acapara frente a la inocencia de quien tan

1. Arrendé un asno y un hombre para transportar el agua, compré dos libras de clavos.

solo existe: **¡que negra yera la nuey / que blanca la nuestra senda!**[1]

Te imagino, aragonés, esperando a tus hablantes con montones de alpiste en tus manos. Te figuro como en los versos de Carmina Paraíso Santolaria, aguardando una bandada de pajaritas: **si por un casual t'escais en benir / escalibando soi en o fogar, / por calentar-te os piez. / Ta cuan t'escalzes.**[2] El idioma va colmado con la vida de las palabras, sus matices, el vuelo y las cotidianas construcciones del deseo. Por eso es imposible que una lengua muera; si acaso se la mata. Pero no habrá clavo que para ti, **quiesto aragonés**, no pueda ser una llave; quien marcha a la muerte con lápices en el bolsillo no podrá morir nunca. Aunque te asedie el odio o la soberbia, tienes siglos de lucha a tu espalda. No se derriba un muro tan fácilmente. Desde lejos, con cariño, te veo silbar los versos de Nieus Luzía Dueso Lascorz: **pero yo sembro la bida / que naixerá en primabera / per ixo, quiera u no quiera, / ¡siempre soi güena noticia!**[3]

1. ¡Qué negra era la noche / qué blanca nuestra senda!

2. Si por algún casual te decides a venir / estoy avivando el fuego en el hogar / para calentarte los pies. / Para cuando te descalces.

3. Pero yo siembro la vida / que nacerá en primavera / por eso, quiera o no quiera, / ¡siempre soy buena noticia!

# BENVOLGUT CATALÀ

Espanya

Aprender como recolecta. Esta connotación palpita en la etimología del verbo, pero es incluso más clara en català. En Elx, Perpinyà o Alcúdia diríamos **aprendre**, que lleva implícito el verbo **prendre**, 'coger, tomar, agarrar'. Aprender una lengua es reforestar las ausencias de nuestro pensamiento, tomar palabras nuevas que acuden para decir las más antiguas ideas. Aunque a una lengua nunca se llega para conquistar, tomar posesión no es sinónimo de apropiarse. El modelo capitalista nos dificulta pensar fuera de sus términos, pero sentirse parte de algo está muy lejos de acapararlo como se posee una casa o una lavadora. Las lenguas te conforman, vienen a construir desde distintas geografías tu voz. En ese pliego del idioma, «conformar» se convierte en un verbo edificante y no en algo asociado a la mediocridad o la inacción.

El psiquiatra Francesc Tosquelles hablaba del **dret a la deambulació**.[1] En su caso, el divagar fue huida cuando tuvo

1. Derecho a la deambulación.

que exiliarse en 1939. Pese a una vida dura, Tosquelles abrazó la necesidad humana de errar, que es a la vez divagación y fallo frente a los cánones. Yo, que deambulo en el català desde que tenía catorce años, no soy un hablante nativo, ni siquiera tengo un dominio de la lengua. Me cuesta recordar la diferencia entre un loro y un laurel –**lloro** y **llorer**–, conjugo verbos como quien busca el interruptor de la luz a oscuras y temo cada vez que tengo que pronunciar **ocell**.[1] Sin embargo, esta inseguridad no significa omitir a los pájaros de cuanto hablo y escribo. El temblor y la voluntad con que mis labios nominan hacen del mundo algo más potente. Tenemos derecho a deambular una lengua y ser erróneos. Porque ese desvío significa esfuerzo: **sense desig no hi pot haver error**,[2] escribe la poeta Susanna Rafart. También los errores se deben jerarquizar y discernir. Prefiero siempre equivocarme en un acento diacrítico a cometer el profundo error de rechazar una lengua y obrar contra ella. Entre fallos lingüísticos y fallos cívicos, milito con seguridad en los primeros.

Cuando son con vocación, los errores siempre se entienden. Que mi nivel lingüístico se siga construyendo como una formación geológica no impide que pueda expresarme, querer y festejar con gozo. «Entender», al igual que «aprender», es un verbo esclarecedor en català. Hozando libremente en la etimología, podríamos sugerir que **entendre** guarda dentro lo que es **tendre**, es decir, la ternura. Todo entendimiento necesita de amor, la comprensión requiere una implicación afectiva por parte de quienes se comunican. Cuando esto sucede, no hay discurso, palabra o gramática que nos limite.

1. Pájaro.
2. Sin deseo, no puede haber error.

El afecto, además de amor, puede significar afectación. Un golpe o choque que te hace reaccionar, un revulsivo que propulsa ciertas decisiones. Empecé a interesarme por el català a raíz del referéndum del 1 de octubre. Mi familia y yo hemos veraneado siempre cerca de Dénia, cumpliendo con esa madrileña tradición de toma de la costa valenciana durante julio y agosto. Desde pequeño, miraba con fascinación el cartel de **Platja de les Deveses** y aprovechaba para decir con parsimonia la dirección del diminuto piso que allí tienen mis abuelos. **Camí del Bassot** sonaba diferente, y toda diferencia en la infancia es acogida como algo fascinante. Sin embargo, fue la represión ejercida contra la ciudadanía que acudió a las urnas en 2017 lo que me llevó a interesarme por la lengua. Recuerdo cómo en muchas ciudades de España se gritó insistentemente «¡a por ellos!». Cuando televisión, prensa y calles berreaban esa consigna yo me preguntaba: ¿quiénes son ellos?

Así, comencé un recorrido que me hizo pasar por amigas, amores, historias y admirables espacios de resistencia. La poeta Marta Pessarrodona escribe en un poema:

> **Sabia que calia cercar-vos**
> **(furgar per edicions no gens assequibles)**
> **llegir-vos, fidel i atenta, a vosaltres,**
> **precedents de la nostra mala vida.**[1]

Pessarrodona dedica este poema a escritoras como Maria Antonia Salvà, Aurora Bertrana, Caterina Albert o Cle-

1. Sabía que había que buscaros / (hurgar entre ediciones nada asequibles) / leeros, fiel y atenta, a vosotras / precedentes de nuestra mala vida.

mentina Arderiu. Ejemplos herejes de la libertad y el uso de la escritura como habitación propia. En mi caso, encontrar esta lengua, errar gozosamente en ella, traducir el rechazo en acercamiento y poder tener **ocells** en la boca será siempre una gestación de la mala vida. Aquella por la que tantas personas pelean, esa a la que con fuerza aspiramos.

## València

Pocas semanas después de llegar al gobierno, las derechas proponen cambiar el nombre de València por Valéncia. Efectivamente, cambia una tilde. Aunque el acento parecía una prioridad de los mandatarios valencianos, estos sectores ideológicos recurren continuamente al mantra de la utilidad cada vez que se quita una placa franquista o se homenajea a las víctimas de la dictadura. Según su discurso, temas como la memoria histórica o los derechos lingüísticos no importan a la mayoría de la población. A ellos, parecen quitarles el sueño cada vez que entran a un ayuntamiento o consejería.

Que el acento de València desfile hacia la derecha responde a una lucha antigua entre las denominaciones valencià y català. Una vez en Llucena, un pequeño pueblo de Castelló, charlé con unos vecinos sobre el verano y el turismo. Aunque la conversación era bastante superflua, estábamos contentos dándole al pico. Con mi català a medio hacer, usaba el dialecto oriental, es decir, el català que se habla en Barcelona. Algo iba bullendo en los ojos de mis interlocutores hasta que uno de ellos dijo: **xe, nosaltres parlem valencià, català no sabem.**[1]

1. Eh, nosotros hablamos valencià, català no sabemos.

En tiempos de neoliberalismo, la deforestación parece haber salido de los bosques para atacar todo tipo de diversidades. Hay sinónimos que molestan mucho, como si el hecho de tener distintos nombres fuese algo negativo. Para cualquier lengua, poseer varias voces que denominen un mismo concepto es un síntoma de salud y riqueza. Estos vecinos no dirían «hablo castellano, no español», pues esa ambivalencia no ha sido agitada como germen de un conflicto. El dilema se resuelve bien rápido: se trata de glotónimos. La lingüística usa este término para referirse a los diversos nombres que una lengua puede tener en su comunidad de hablantes. El asunto acabaría ahí. Sin embargo, este cisma se inocula para confundir y alejar a los que **parlen** o **xerren** su idioma.

Frente a la sinonimia está la reclusión y las concertinas lingüísticas. El català es una lengua que se habla desde el norte de Murcia al sur de Francia, en la ciudad sarda de l'Alguer y en muchas comunidades migradas. Se le llama català, valencià, alguerès o mallorquí, pues cada hablante lo nombra desde una geografía. No hay ningún problema en ello, a no ser que, por desaprecio a la lengua, busquemos polemizar y cambiar la dirección de una tilde. Como otras lenguas romances, el primer nombre que tuvo el català fue el de «lingua romana rustica». Se la nombraba desde otro idioma, con un coletazo de rusticidad que implicaba incultura o salvajismo. Desde entonces, el català ha sabido anteponer la riqueza nominal a la escasez de pensamiento. Hoy decimos una lengua con muchos nombres y variantes dialectales, y eso no la hace extraña entre sus territorios y hablantes.

En català, la palabra **sencer** proviene de la misma raíz que **sincer**.[1] Lo que se muestra en su totalidad lo hace des-

1. 'Entero' y 'sincero'.

de la honradez y la asunción de sus diferencias. Es sincero que una lengua y sus diez millones de hablantes se digan con nombres distintos. Con un poco de madurez, los cambiadores de tildes entenderían que dos denominaciones diferentes no equivalen a dos idiomas ajenos. Sabrían, como piensa la filósofa Fina Birulés, que **la possibilitat d'una vida compartida no és idèntica a una ciutadania homogènia.**[1]

Carrer de la Mercè, 34
Badalona

En una entrevista para *El País* cité unos conocidos versos de la poeta Maria-Mercè Marçal. Pertenecen a su poemario *Cau de llunes*, donde agradeció al azar tres dones: **haver nascut dona, de classe baixa i nació oprimida.** Al publicarse, compramos el periódico en casa y leí la traducción que habían añadido: «haber nacido mujer, de clase baja y nació[2] oprimida».

Que la nación desde la cual vivió y escribió Marçal se quedase en un verbo es, asépticamente, una casualidad. Con un poco de conciencia histórica, la casualidad se muestra bastante causal. Hay una causa en todos los descuidos o patinazos que sin voluntad se ejercen, sus erratas y olvidos son el resultado de profundas ideas adheridas como mugre a las juntas del inconsciente. En el siglo XVIII, textos oficiales ya hablaban así del català:

1. La posibilidad de una vida compartida no es idéntica a una ciudadanía homogénea.
2. En català, **nació** significa 'nación'.

> [Los catalanes] son aficionados a su patria, con tal exceso que les hace transtornar el uso de la razón, y solamente hablar en su lengua nativa [...]. Aquel grande orgullo está abatido, y respetan ya los preceptos de V. M. y a la justicia, no por afecto y amor sí por fuerza superior de las armas (sesión plenaria del Consejo de Castilla, 13-V-1715).

> [Pongan] el mayor cuidado en introducir la lengua castellana, a cuyo fin se darán las providencias más templadas y disimuladas para que se consiga el efecto sin que se note el cuidado (*Instrucción dictada a los corregidores de Catalunya*, 1717).

El aniquilamiento de una lengua desde las instituciones se ejerce con la fuerza, claro está, pero los censores saben destilar su quehacer y evitar una acción demasiado altisonante. Esa filtración tan sibilina es la que hoy produce las humedades de la diglosia, rémoras de la conciencia colectiva que arrastramos como arados. No es de extrañar que trescientos años después el català continúe siendo una lengua amenazada, desde los patios de recreo a los cuarenta hablantes habituales que pierde al día la ciudad de Barcelona (o los ya perdidos en Alacant, València, Mallorca).

La lengua tampoco ha sido ajena a la opresión sin máscara, aquella que ni siquiera maquilla con pudor sus intenciones. En ciudades como Manresa o Lleida se ametrallaron lápidas escritas en català, disparando apellidos y oraciones en nombre del nacionalcatolicismo. La estirpe de ese mismo españolismo repica una y otra vez la necesidad de no reabrir heridas. Parece que cuando las heridas son **ferides**, disparar a la memoria no es molestia, sino deber. En Badalona, las fuerzas sublevadas de Franco entraron al municipio con un objetivo claro: carrer de la Mercè, 34. Esa casa albergaba la biblioteca del filólogo Pompeu Fabra, autor del primer diccionario normativo de la lengua catalana. Los organizadores de la violencia, como los grandes sátrapas o los accionistas de la mediocridad, saben perfectamente dónde está el peligro: notas etimológicas, evoluciones fonéticas, diptongaciones y observaciones dialectales fueron su principal enemigo. Pompeu Fabra consiguió exiliarse, jamás pudo regresar a Catalunya. La biblioteca particular de la familia ardió en una hoguera pública, desapareciendo consigo uno de los mayores archivos filológicos de la península.

La poeta Maria Àngels Anglada recuerda este histórico menosprecio: **tantes vegades / ens és negat, germans, dir cada cosa / amb el nom clar que una vella sang dicta!**[1] Afortunadamente, la negación termina por anegarse en su propia radicalidad. Siempre, entre esa sangre, hay quien lanza algo de semillas, es decir, de **llavors.** En català la semilla viene directa del latín *laboris*. Es, por tanto, un pequeño comprimido de vida y labor. Quien planta futuro se compromete a trabajar por él. Ya en el siglo XVI se escribieron las primeras apologías de la lengua catalana, anticipando lo que serían años de resistencia. Dos dictaduras, varias prohibiciones, numerosos agravios y dos monarquías después, quien siembra en su boca el català lo hace con plena consciencia del oficio que esto implica. Y es que tan solo el género separa el polvo del pulso, **la pols** y **el pols**. Sobre ese polvo de quemas y destrucciones el pulso de la lengua avanza, dignamente, como semillas.

1. ¡Tantas veces / nos es negado, hermanos, decir cada cosa / con el nombre claro que una vieja sangre dicta!

**A les paraules demano camins que ens assenderin les noves petjades.**[1] Maria-Mercè Marçal, como tantas otras y otros, nació en la lengua incesante de la dignidad.

Burjassot

Salimos con varias horas de retraso, si es que existe un tiempo puntual para las vacaciones. El maletero, en un desbordamiento propio de Derrida, guarda nuestras maletas, la guitarra, hojas de laurel y hierbabuena para la abuela, la bolsa de la playa, algún melón que mi padre ha escogido con su fórmula mágica para leer los anillos y percutir con el dedo en la piel. *La mortadela* fue el primer coche en el que viajé a Dénia. Luego llegó el siete plazas color café y el auto modesto que, para cuando lleguen a su destinatario estas cartas, habremos terminado de pagar. Mis hermanas escogen la música. Mamá con los pies en el salpicadero. Papá gafas negras y el bañador ya puesto. Quizá paremos en Motilla del Palancar o en La Roda, donde nació el intelectual exiliado Tomás Navarro Tomás. Después de Utiel, el coche toma una humedad asfixiante. Como *la mortadela* no tiene aire acondicionado, llevamos las ventanillas bajadas y mamá ata pareos para evitar el sol. Avanzamos felizmente torrados con un viento incesante y telas de playa dando tumbos. Después, la fábrica de arroz y la rotonda. Mamá quita los pareos porque vamos a entrar en Oliva y queda feo. Cruzar la carretera de Gandia, papá señala la pastelería de los lacitos. Las prostitutas bajo sombrillas de bar a la salida, puestos de naranjas, ajos y toma-

1. A las palabras pido caminos que nos asenderen las nuevas huellas.

te. Ralentizamos al pasar por el autocine, miramos la cartelera. Al llegar al Camí del Bassot, los abuelos saludan desde la terraza. Desde el cuarto piso, la abuela grita si tenemos llaves.

Cuando el franquismo convirtió a los proletarios en propietarios, mis abuelos paternos comenzaron a veranear en la Platja de les Deveses. El verano fue extendiendo sus límites y, cuando el abuelo se jubiló, empezaron a pasar allí casi la mitad del año. Después de toda la vida arreglando grifos y leyendo el gas, aprendió a nadar a perrito en esa costa, sosteniéndose a flote con sus gafas viejas y el tubo. Mi madre ha pasado allí las vacaciones desde sus quince años en calidad de amiga, novia, esposa y nuera. Para mis hermanas y primas es lo más cercano a un pueblo o lugar de origen.

Después de sesenta años en Les Deveses, la abuela sigue diciendo El Vergel en vez de El Verger, Jávea en lugar de Xàbia. A unas vecinas de enfrente las llamamos *las valencianas*, como si fuesen ellas las extranjeras en ese entorno. Hasta hace pocos años, nunca había hablado en su idioma a ninguna de las heladeras, vendedoras ambulantes o dependientas de la Marina Alta. El País Valencià es un territorio maltratado transversalmente, desde el urbanismo a la lengua. Joan Fuster tenía razón, **ningú no s'ha d'enganyar: dir «bon dia» ja és fer literatura.**[1]

Decir **bon dia** constituye un ejercicio de imaginación, una resistencia que sufre de estigmas externos e internos. Para muchos valencianos, la lengua propia deambula entre dos puntos del mapa: Madrid y Barcelona. Una tensión identitaria y mucha falta de autoestima han hecho que hoy el valencià de Isabel de Villena o Joanot Martorell sea

1. Nadie se debe engañar: decir «bon dia» ya es hacer literatura.

como ese coche que esconde con vergüenza sus pareos y paños cuando entra a la ciudad.

Más allá de trajes, loterías y visitas papales, la corrupción machaca el territorio con el estruendo de una mascletà. Cualquier persona, valenciana o no, pensará antes en Les Falles por *el caloret* de Rita Barberá que por la fiesta antifascista que los vecinos organizaron en 1937. Años después, en 1962, el **ninot indultat**[1] por votación popular fue *Germanets de llet*, una escultura que ponía a un cordero y un bebé bebiendo de la misma ubre de una cabra. Indultar la pobreza por aclamación dice mucho de una tierra y sus habitantes.

Volviendo a Fuster, en efecto, nadie se debe engañar. Quien actualmente defiende y normaliza el uso del valencià en el territorio es porque toma, como escribe la poeta Teresa Pascual, **la decisió d'estar, la d'ocupar / encara alguns dels llocs de la memòria.**[2] Y por supuesto, esta toma de conciencia no es un invento de nuestro tiempo, tiene una larga y emocionante genealogía.

En 1974, Marifé Arroyo apenas sabía decir **bon dia**. Sus padres llegaron emigrados de Salamanca y ella estudió magisterio. Cuando en los estertores de la dictadura la enviaron como maestra a Barx, Marifé decidió hacer literatura y ocupar el lugar de la memoria. Pensaba, como el pedagogo catalán Antoni Benaiges, que **cal empènyer el futur escola per escola.**[3] Marifé decidió usar el valencià como lengua vehicular en un colegio mayoritariamente valencianoparlante. Algo tan natural como enseñar a los

1. Figura que se decide salvar de la quema en Falles.

2. La decisión de estar, la de ocupar / todavía algunos lugares de la memoria.

3. Es necesario empujar el futuro escuela por escuela.

niños en la lengua que hablaban sus padres, abuelos y vecinos supuso toda una reacción entre los sectores más conservadores del pueblo. Abandonó el colegio obligada por el rechazo en 1981.

Arroyo, la Mestra, es un ejemplo luminoso de pedagogía. Una anomalía entre las escuelas del Estado, que han servido como sucursal de la homogeneización lingüística. El **pati** del colegio muchas veces ha derivado en **patiment.**[1] Son cientos los testimonios que muestran el castigo que se impugnaba en estos espacios de aprendizaje a las infancias que no se decían en castellano.

El valencià guarda como las arrugas de una chufa todo su potencial radicalmente inclinado a la belleza. Cerca de Paterna (donde los pinos conviven con una de las fosas comunes más grandes del Estado), Vicent Andrés Estellés repartía el **pa** de su padre panadero. Si el **pa** en valencià lo llevásemos al euskera, estaríamos diciendo 'beso'. Con el cariño que alimenta, el poeta nacido en Burjassot escribió «La rosa de paper», un texto que narra la historia de la lengua valenciana, reprimida durante la dictadura. Convertido en flor, el idioma está en manos de una persona, posee fuerza polinizadora. El poema habla por sí solo:

**Fins que un dia d'aquells dies**
**va manar l'ajuntament**
**que fos cremada la rosa,**
**perquè allò no estava bé.**
**Varen regirar les cases:**
**la rosa no aparegué.**
**Va haver interrogatoris:**
**ningú no en sabia res.**

1. 'Patio' y 'sufrimiento'.

**Però, com una consigna,**
**circula secretament**
**de mà en mà, per tot el poble,**
**una rosa de paper.**[1]

Entre besos y pan la lengua es un ser vivo que todavía dice el color de las naranjas. Quien nació con vocación de existir tiene una indomable necesidad de ser dicho con fuerza. La alteana Carmelina Sánchez-Cutillas aseguró: **al cap i a la fi, som un ésser que ha dormitat al llarg dels segles, i que ara comencem a despertar-nos.**[2] Despertarse o **alçar-se**, alzar la proclama como aquel que se decía Ausiàs March –habitante de una Gandia medieval menos depredada por el ladrillo–, que con convicción pasaba la rosa: **no cessarà lo meu igual talent / puix mou de part que no es cansa, ni es farta.**[3]

## Palma

El poeta ibicenco Marià Villangómez escribe: **l'illa, al cor dens i estret / duu la blava cançó dels hortizons.**[4] La mirada peninsular concibe la ínsula como un espacio de

1. Hasta que uno de esos días / ordenó el ayuntamiento / que fuese quemada la rosa, / porque aquello no estaba bien. / Registraron las casas: / la rosa no apareció. / Hubo interrogatorios: / nadie por ella respondió. / Pero, como una consigna, / circula secretamente / de mano en mano, por todo el pueblo, / una rosa de papel.

2. Al fin y al cabo, somos un ser que ha dormido a lo largo de los siglos y que ahora comenzamos a despertarnos.

3. Cansarse no podrá mi buen deseo / pues nace donde no hay jamás cansarse.

4. La isla, en el corazón denso y estrecho, / porta la canción azul de los horizontes.

aislamiento, una reclusión de marinos límites que separa y arrincona. Sin embargo, cualquier isla contiene dos fuerzas de intensa comunicación. Por un lado, el horizonte es una canción con la que dialogar. Eso que definimos como término o frontera se convierte para las islas en una extensión de lo posible; aquello que nos concede prolongar el discurso también a las marejadas y lo que guardan más allá de la visión. Dice la mallorquina Margalida Pons que **feliç aquell que sap mirar de lluny / el món.**[1] La geografía de un archipiélago como el balear no implica incomunicación, sino conexiones que trascienden a la idea general de unión. Una manera de entender los plurales incluso cuando no son físicos. Una forma de conjugar –así lo hace el català en las islas– lo singular desde la multiplicidad. Cuando una menorquina o un formenterano dicen «yo soy», lo hacen con una desinencia –**jo som**– que en el resto de los territorios catalanoparlantes corresponde a la primera persona del plural. A los oídos catalanes o valencianos, esto sonaría como un «yo somos», maravillosa manera de mirar el mundo con azul conciencia comunitaria.

Illes Balears ha promulgado a lo largo de su historia formas de vinculación especiales y trabajosas. En la Edad Media, la escuela mallorquina cartográfica alumbraba al mundo occidental con los mapas más precisos de la época. Un pueblo navegante integra en sí la premisa de que, en lo invisible, siempre hay algo que nos apela, un puerto donde arribar. Al desarrollo de la navegación contribuyeron los tripulantes anónimos y el pensamiento científico de autores como Ramon Llull, que en pleno siglo XIII investigaba desde la botánica y la gramática hasta la fantasía o la teología. En todas estas disciplinas su aportación fue valiosa e in-

1. Feliz aquel que sabe mirar de lejos / el mundo.

novadora, siendo piedra angular de los avances intelectuales del momento. Pero, sobre todo, Llull marcó un precedente esencial para las lenguas romances: todo podía ser expresado, indagado y compartido desde la lengua popular, en su caso el català. Los astros, las mareas o la fotosíntesis no requerían de palabras latinas para ser más ciertos ni más exactos. El català de una modesta porción de tierra –demostraba Llull– podía ensanchar el espacio colectivo de las ideas.

De entre todas sus obras, los versos del *Llibre d'Amic e Amat* son algunos de los más conocidos. Llull abordaba en 1283 la relación entre el individuo y Dios a través de una alegoría entre el amigo y el amado. El texto, en la cartografía sentimental de nuestro tiempo, concede otras posibilidades laicas de lectura. Se puede entender –fuera de la dialéctica cristiana– como una obra sobre el amor en la línea de Roland Barthes o Simone Weil, una indagación en el deseo y la humana pulsión amatoria entre un amigo y un amado masculino. Esta lectura homoerótica de los pájaros, las calles interminables y los vergeles de Llull ha crispado siempre a la Iglesia. Ya en el siglo XIV el mallorquín sufrió procesos inquisitoriales que no llegaron a triunfar. En Llull, en el amigo y el amado, el dilema es mucho menos controvertido:

> **Dix l'amat a l'amic:**
> **–Sabs encara què és amor?**
> **Respòs:**
> **–Si no sabés què es amor, / sabera què és treball,**
> **tristícia e dolor?**[1]

1. Dice el amado al amigo: / –¿Acaso sabes qué es el amor? / Responde: –Si no supiese qué es el amor, / ¿sabría qué es el trabajo, la tristeza, el dolor?

¿Cómo afrontar una lectura del mundo si no reconocemos la poética duda del amor? ¿Quién pretende extraer conclusiones y respuestas si antes no se deja impregnar de todo lo ignoto que el amor –fuera y dentro de los textos– nos plantea como sujetos? Llull creyó, quinientos años antes de que la escribiese, en la consigna de su paisana Emília Sureda: **té cada cor qui batega / llarga història que contar.**[1] La comunicación –archipiélago de voluntades– permite generar flecos sombríos donde se titubea, por tanto se late y se ama. El texto medieval puede ser una alegoría cristiana y, a la vez, un amor homosexual. Pueden existir diferentes formas de escuchar la lengua de la creación. El pacto tácito entre lo que uno decide escribir y lo que la lectora interpreta es el que sostiene la literatura y la vida.

El amor vedado e inmoral es una constante en la poesía balear. En el siglo XX, la figura del poeta Bartomeu Rosselló-Pòrcel siguió escandalizando a los correctores del sentimiento como el amado y el amigo de Llull. El poeta mallorquín murió en 1938 a los veinticuatro años poco después de haberse alistado en el ejército republicano. Rosselló-Pòrcel tuvo ocasión de estudiar y comenzar a escribir en un entorno que apoyaba el pensamiento crítico, las libertades ciudadanas o su lengua de producción artística. En 1933, una propuesta del Ministerio de Instrucción Pública y la Generalitat le llevó, junto a otros estudiantes, a realizar un crucero por el Mediterráneo. Se reavivaba la navegante escuela de la cultura: como Llull –que viajó en largas expediciones hasta Asia y por toda Europa–, Rosselló-Pòrcel emprendía camino en la mar. Viajó con otro joven poeta, Salvador Espriu, que años después sería una de las figuras más importantes de la literatura catalana. Am-

1. Cada corazón que late / tiene larga historia que contar.

bos escritores forjaron una relación emocionante y profunda, especial. Verbalizar que Espriu y Rosselló-Pòrcel pudieran ser el amigo y amante de Llull causa siempre revuelo e indignación entre muchos sectores que entienden la hipótesis amorosa como un agravio cuando se sale de la normatividad heterosexual. ¿Qué deshonra supone hablar de un amor, a quién insulta? Durante muchos años, el cuerpo del joven Rosselló descansó en el panteón de la familia Espriu por decisión del poeta catalán. Su correspondencia y su relación fue más que íntima y fervorosa. ¿Por qué no imaginar, en un mundo que sabe de dolores, tristezas y trabajo, lo que pudo ser amor? Bartomeu Rosselló-Pòrcel parece dar una respuesta en sus versos: **la tarda del dissabte / m'enamoro a la plaça. / La nit del diumenge, / a la cantonada. / El dilluns, a la fira. / El dimarts, a l'hostal... / Febres de maig / duren tot l'any!**[1] Las fiebres del amor no son nunca un insulto para quien las vive o las intuye. Quizá, quien niega escandalizado el afecto entre amigo y amante debería pensar con qué ojos observa algo tan humano y hermoso.

Cuando una idea transcurre fuera de lo normativo necesita visados, pruebas de ADN y argumentos sólidos. Al contrario, la gran mayoría de las convenciones pasan por irrefutables cuando en verdad contienen poca o ninguna lógica. Así funciona en lo sentimental y en lo político. El actual Govern del archipiélago, apoyado hasta hace pocos meses por la extrema derecha, eliminó en 2023 el requerimiento de un nivel básico de català para el personal sanitario. Argumentaban que la falta de profesionales hacía

1. La tarde del sábado / me enamoro en la plaza. / La noche del domingo, / en la esquina. / El lunes, en la feria. / El martes, en el hostal... / Fiebres de mayo / ¡duran todo el año!

necesario médicas y enfermeros, supiesen o no català. Al mismo tiempo, en la última década el alquiler ha subido un 158 % en todo el territorio insular. ¿Qué causará vacantes en los hospitales y centros de salud: un dominio primario de una lengua romance o el acceso a la vivienda? No dudo que cualquier sanitario –después de años de estudio y especialización– tiene las herramientas suficientes para auscultar un **pit**,[1] radiografiar un **genoll**[2] o tratar un **refredat**.[3] Cuesta mucho más imaginar –en un territorio con una política de vivienda basada en la especulación y el turismo– a cualquier trabajador pagando alquileres desorbitados o hipotecas imposibles. Una vez más, las obviedades parecen no formar parte del discurso cuando estas dañan el fantasioso relato de los imponedores; bien de diglosia o de moral.

El «será maravilloso viajar hasta Mallorca» que se tatareaba en las postrimerías del franquismo se ha excedido hasta convertir al archipiélago en una sucursal del turismo europeo y de la clase alta del Estado. No en balde, la monarquía acaparó los sesenta mil metros cuadrados de Marivent –su residencia estival– en lugar de permitir un proyecto de museo público de arte. El régimen de colonia vacacional arrasa con el patrimonio, la naturaleza, las costas y, no en menor medida, la lengua. La poeta Antonina Canyelles da cuenta en sus versos de esa masificación que empieza por los coches de alquiler y acaba en los diccionarios:

**Et prohibiran trencar la ce i geminar la ela.**
**A poc a poc perdràs la fesomia.**

1. Pecho.
2. Rodilla.
3. Resfriado.

**A poc a poc perdrà sonoritat la essa.**
**La be i la ve serà un tant se me'n dóna.**
**El so neutre es tancarà com una porta.**

**Acabaràs amb el cos ple d'autopistes.**[1]

De los navegantes a los amores de Rosselló, entre Llull y las canciones del horizonte, la lengua es aquella senda que puede salvaguardar la transmisión en lugar de someter, el camino que lleva más que la autovía que atraviesa. El idioma salado nombra con exactitud lo deseable, lo inefable y las posibilidades quebradas frente al acantilado de la mediocridad. Es el català quien concede a las islas una condición de archipiélago, de **jo som**. Aquel mismo idioma que permitió al poeta Jean Serra, hijo de ibicencos exiliados en Argelia, volver a sus palabras para proclamar que **algú serà l'hereu d'aquesta aurora / que anunciem amb les paraules. // Cap mordassa faci callar / la nostra veu esdevinguda / també la veu dels altres.**[2]

Ciutat Universitària, Madrid

Nunca me han preguntado por qué hablo inglés. Tampoco nadie me cuestionó las listas de verbos franceses que memorizaba a los quince años en la escuela municipal

1. Te prohibirán romper la ce y geminar la ele. / Poco a poco perderás la fisonomía. / Poco a poco perderá sonoridad la ese. / La be y la uve serán lo mismo. / El sonido neutro se cerrará como una puerta. // Acabarás con el cuerpo lleno de autopistas.

2. Alguien será el heredero de esta aurora / que anunciamos con las palabras. // Ninguna mordaza silencie / nuestra voz ya convertida / también en la voz de los otros.

de idiomas. Pero cuando uno estudia cualquier lengua propia del Estado, se genera un revuelo que busca, tras tus apellidos o tu biografía, algo que avale ese conocimiento. ¿Por qué hablas català si eres de Madrid? Al comer paella, fuet o ensaimadas nadie me pide una justificación, por muy getafense que sea. Cuando empecé a cursar clases de català en mi universidad pública esta pregunta se sostenía en el aire, cabalgando entre la mitificación y el menosprecio. Por suerte, emprendí ese año de gramática y unidades de vocabulario de la mano de Marta López-Vilar, profesora de català, poeta, de familia jienense y vecina del barrio de Villaverde, al sur de Madrid.

Abordar la lengua desde el aula supuso un acercamiento muy peculiar. Las reglas fonéticas me enseñaron, por ejemplo, que el dialecto central elide buena parte de las erres finales. Curiosamente, se mantienen en las palabras **amor, futur** y **mar**. Un pueblo abierto al Mediterráneo pronuncia todos los fonemas del porvenir y la estima, dejando huella y registro de su importancia. La necesidad de decir un futuro y un amor con todas sus letras.

Una de las mejores tareas como alumno fue aprenderse de memoria las formas irregulares del subjuntivo. Este ejercicio, aparentemente poco apetecible, poseía una fuerte carga anímica: en la nueva lengua, debía estudiar los desvaríos del subjuntivo, es decir, la expresión excepcional del deseo.

Vivir el deseo en otra lengua es una de las cosas más emocionantes que puede suceder. Si Lacan pensaba que «el deseo es el deseo del otro», es consecuente expresarlo en la lengua del otro, darle esas palabras que titubean y tiemblan igual que el sujeto enamorado. La vertiente amatoria es definitiva en por qué nos acercamos a una lengua. El català guarda en su léxico esa misma conciencia. Mientras que 'vertiente' y 'besando' son casi homónimos (**ves-**

**sant-besant**), el verbo 'acercarse' se puede traducir como **acostar-se**. El término transporta con su latencia a una cama imaginaria. Se escribe, se aprende y se lucha a favor del placer. **Placer** que en català puede ser una plana subterránea abundante en pesca o algo relativo a la **plaça**,[1] a la comunidad pública. Abundancia, gozo y sociedad: tres fuerzas que empujan a sacar la lengua y lamer con ella otros cuerpos extraños. En esta condición de lo ignoto es donde la escritora Caterina Albert i Paradís fijó el centro de la estima. Su nombre literario fue Víctor Català, pues una mujer a principios de siglo XX, escritora en català, tratando temas como el suicidio, la muerte o la violencia, rebasaba todas las convenciones sociales. En el cuento «Carnestoltes» escribe: **Estimava! Estimava amplament, fortament. ¿A qui? [...] ¿Què li importava el qui? [...] A una criatura humana, a un altre ser com ella.**[2] Más adelante, Albert i Paradís afirma: **lo que lliga i aconhorta no és pas lo que dels altres ve a nosaltres, sinó lo que de nosaltres va generosament als demés; lo que donem, no lo que ens donen.**[3] En la cita con la lengua sentimos esa hermosa dependencia. Es el otro (idioma) quien nos da goce, quien nos presta su voz. El individuo, entonces, no es un ser esencial; constituye un amante –inexperto y asombrado– de esas palabras concedidas.

El deseo que nos mueve en català es el **desig**. No es baladí esa evolución de la palabra latina. A diferencia del

1. Plaza.

2. ¡Amaba! Amaba ampliamente, con fuerza. ¿A quién? [...] ¿Qué importaba? [...] A una criatura humana, a otro ser como ella.

3. Lo que vincula y conhorta no es lo que viene de los otros a nosotros, sino lo que desde nosotros va generosamente a los demás; lo que damos, no lo que nos dan.

castellano, el deseo que se habla en Calp o Alaior contiene la palabra *sí*, que es a la vez afirmación y germen de frases condicionales, oraciones que expresan la posibilidad o el resquicio de lo que se anhela. La escritora Mercè Ibarz dice que **la imaginació és diferent de la contemplació i pot precedir o ser conseqüència de l'acció.**[1] Cuando acompaña la imaginación, el deseo es un sí profundo, una decidida acción contra lo cómodo, neutro o normativo. En las erres finales que acentúa un madrileño junto a su madrileña profesora hay una positiva afirmación de lo que se ama.

El català, como todas las lenguas propias del Estado a excepción del castellano, nombra con bisturí una variante del deseo: el sueño. Mis antepasadas y yo nunca hemos diferenciado un «sueño» onírico del «sueño» como sinónimo de cansancio, no al menos en su forma léxica. Compleja carencia la que reúne bajo una misma palabra el deseo y lo extenuado. El asturianu divide **suañu** de **sueñu**, el galego **soño** de **sono**, el euskera **loa** de **ametsa**, el català **somni** de **son**. Así, Ibarz vuelve a darnos una arruga lingüística imposible en castellano: **qui diu que només a través de la son pots fer realitat els somnis?**[2] Amar las lenguas significa conocer su deseo irregular, la pronunciación completa del amor, la radical oposición entre soñar y estar cansado, el siempre frágil estado de quien anhela, busca y palpa la otredad.

1. La imaginación es diferente de la contemplación y puede preceder o ser consecuencia de la acción.

2. ¿Quién dice que solo a través del sueño puedes hacer realidad los sueños?

Mercè Ibarz nació en Osca, sin hache ni diptongo. Como el 5 % de la población aragonesa, la escritora vivió su infancia y juventud en la Franja, zona limítrofe con Catalunya donde se producen usos de lengua aragonesa, catalana y castellana. La lengua siempre rebosa las divisiones geográficas que ha establecido el poder. Ejemplos de esta lengua que supera la pequeña administración territorial son el Carxe al norte de Murcia, Catalunya Nord en suelo francés o las comunidades menorquinas que en San Agustín, Florida, mantuvieron hasta hace no tanto tiempo el menorquí floridano o maonès. La lengua presenta una asombrosa tendencia a la rebeldía, a escindirse de lugares comunes o exigencias del poder.

El català, como cualquier idioma, no es en sí mismo conductor de postulados ideológicos, solo hay que pensar en Jordi Pujol, la versión más íntima de José María Aznar o los poemas franquistas que se publicaron en el folleto **18 de juliol** en Palma durante 1937. En este caso, dos rimadores bajo las siglas O. Juan y P. Solé compusieron curiosas loas fascistas con gusto salado como **arriba FRANCO! demana / Nirviós, tot-hom que és ben nat / Content d'es Jefe d'Estat, / orgullós, perque no engana.**[1] El «jefe», por mucho que se le ensalce en català, siempre es «jefe» y no **cap d'Estat**. La lengua no es un salvoconducto que libre de la ignorancia o el privilegio. Tampoco se reduce la lengua a una expresión territorial, aparece allá y acá produciendo vínculos mucho más fuertes que los de una nación. El català es una lengua que, con sus diez millones de ha-

1. ¡Arriba FRANCO! pide / nervioso, todo el que sea bien nacido / contento del Jefe del Estado / orgulloso, porque no engaña.

blantes, sería impensable sin la migración andaluza, manchega o extremeña que abrazó al idioma gracias a una escuela pública catalana. Volviendo a Marçal, mantienen la lengua quienes la entienden como **aquest amor difícil, repte de les fronteres.**[1]

Como «queer» o «negro», la palabra **xarnego** se emplea cada vez con más orgullo y decisión en Catalunya. Xarnegos seríamos mi familia y yo si mis bisabuelos cordobeses hubieran tirado del carro, la mula y la higuera unos días más por caminos y cañadas. Hay quien encuentra el origen etimológico del término en la voz castellana «lucharniego», referida a los perros entrenados para cazar de noche. Es una palabra que nació con indudable espíritu racista, pero ¿qué se criminaliza con ella? ¿La docilidad, la obediencia? Mientras se ridiculizaban estos valores, las mismas máximas eran exigidas en fábricas textiles y puestos de trabajo: la clase obrera en Catalunya era insultada por los mismos motivos que suscitaban sueños húmedos entre los mandamases: sumisión, acatamiento y mansedumbre.

En Castelló, lo narra la escritora Bibiana Collado en su novela *Yeguas exhaustas*, **chamó i qués** era la expresión empleada para llamar a la migración castellanohablante que no manejaba con correción el valencià. En lugar de decir **pernil i formatge**,[2] las migraciones se agarraban como a un salvavidas a su intuición lingüística, aunque a veces no acertasen de pleno. Como escribe Collado, esta expresión despectiva era usada por valencianoparlantes que, lejos de tener una normalización activa de su idioma, cometían múltiples faltas de ortografía al escribir dobles eses o cambiaban al castellano en una consulta médica.

1. Este amor difícil, reto de las fronteras.
2. Jamón y queso.

La microfísica del poder es aquel veneno verdadero (por algo **verí** y **veritat**[1] son tan similares en català) que pone a luchar al violentado contra la víctima, sin reparar en la sombra arcaica que mueve los hilos de esas peleas entre oprimidos. La salud de una lengua depende de quienes se inclinan a ella y encuentran los canales oportunos para hacerlo. Lo contrario es proclamar un inexistente derecho a la ignorancia o al odio.

Sin restarle reconocimiento, la poeta mallorquina Maria Antònia Salvà encarnó en sus versos la apisonadora moral del XIX que pavimentaba incluso las palabras más alejadas de la península de la correción. En su poema «Pregària per la llengua» escribe: **vetlau, àngels de Déu, Santa Maria, / per la puresa del parlar nostrat, / i a tota hora, en tot lloc, per tota via / que sia el nom de Déu santificat!**[2] Una lengua es mucho más que una filiación religiosa; al contrario que los clubes del monoteísmo, se caracteriza por ser inclusiva y abierta a todas las bocas y oídos. Además, poco o nada deberíamos velar por la «pureza» de un idioma. Más bien cabe, de forma laica, invocarle muchas aleaciones, perversiones que deformen y traigan consigo nuevas palabras.

La clase trabajadora que mantiene y soporta el sistema capitalista es también quien puede defender el català por toda su geografía. Hoy, la mitad de los hablantes no son –somos– nativos, y es que la fuerza de trabajo es también, le pese a quien le pese, una inevitable fuerza de conciencia. Que el lenguaje pertenece a la inmensa mayoría obre-

1. Veneno y verdad.

2. ¡Velad, ángeles de Dios, Santa María / por la pureza de nuestro hablar / y en toda hora, en todo lugar, por todas las vías / que sea el nombre de Dios santificado!

ra toma forma clara en la palabra caballo. **Cavall, cabalo, caballu, cheval, chaval, cavau...** Todas las lenguas romances absorben esta raíz que denomina al mamífero llamado *equus* en latín. ¿Por qué este desplazamiento de voces? *Equus* es la palabra que vemos en documentos o formas privilegiadas de la lengua; así lo llamarían patricios y senadores. *Caballus* era el nombre que le daban las clases no privilegiadas a su animal, que lejos de ser un ejemplar de raza era más bien un rocín enclenque, con los huesos rotos por las labores y el tiro. La palabra hubo de escoger entre los que montan el caballo y quienes le limpian las crines. Decidió, como en un poema de Antònia Vicens, que

> **Avancen al galop blancs**
> **vermells**
> **negres**
> **grocs tots els cavalls.**[1]

Barcelona

La poeta Mireia Calafell acierta al pensar que **s'escriu des d'una casa abandonada on un dia vas viure.**[2] La literatura obra desde una vivienda llena de maleza, mantenida en pie entre tejas caídas, higueras que brotan en imposible geometría, roedores que dormitan sobre rescoldos extintos. En ese derrumbamiento, otra vez más, las palabras.

Un mes después de tomar Barcelona, un edicto franquista instaba al cambio de nomenclátor a fin de «resta-

1. Avanzan al galope blancos / rojos / negros / amarillos todos los caballos.

2. Se escribe desde una casa abandonada donde viviste un día.

blecer los nombres tradicionales de la ciudad». Los nombres tradicionales no tenían que ver con la lengua tradicional ni con una idea de restitución. Tras llegar al poder, la dictadura se encargó de batallar por el lenguaje llenando las avenidas de militares insurrectos, obispos y palabras apolilladas. Curiosamente, avenida Primo de Rivera resultaba ser más tradicional que Corts Catalanes, un órgano legislativo que se fundó en el siglo XIII. La derecha se queja de cada nombre que se restituye en el callejero: cuando la causa es la dignidad democrática y no el totalitarismo, los cambios son innecesarios, confusos e ideológicos. En memoria, toda posición es política, tanto la que actúa como la que disfraza de neutralidad su molestia ante la reparación de las víctimas. Amanda, mi profesora de filosofía en el instituto, nos dijo una vez: «cuidado, que el punto medio no es la mediocridad». La relación con la memoria de un Estado o una lengua nos apela de forma transversal: toca al timbre en todos los casos. Montserrat Roig encontraba ese encargo colectivo al decir que **el silenci que han fet planar per damunt dels catalans, dels republicans, dels vençuts de la guerra, m'ha semblat, tot sovint, que era un silenci que volien fer planar per damunt dels meus i de mi mateixa.**[1]

Es muy difícil defender el aborto en la actualidad sin recordar cómo Frederica Montseny como ministra de Sanidad legisló el primer proyecto de Ley del aborto en 1937. Arduo y triste criticar la heteronormatividad sin acompañarse de las amigas del Front d'Alliberament Gai de Catalunya[2] que salieron por primera vez en todo el Estado

1. El silencio que han hecho cernirse sobre los catalanes, los republicanos, los vencidos de la guerra, me ha parecido, con frecuencia, que era un silencio que deseaban imponer sobre los míos y sobre mí misma.

2. Frente de Liberación Gay de Catalunya.

a reclamar sus derechos. Si debiésemos afrontar cualquiera de estas luchas sin memoria, habría que dar marcha atrás a la manivela de los avances colectivos. Tendríamos que pedir incesantemente abolir la esclavitud, los estamentos sociales, la pena de muerte. La memoria no es solo una larga avenida del compromiso; recordar es, también, sentirse junto a otras, saberse siempre en común, poder dar una mano invisible a quienes han padecido un dolor similar al tuyo.

Clementina Arderiu huyó de Catalunya –como cientos de miles de personas– en el invierno de 1939. Un verso suyo explica la pulsión amistosa de la memoria: **canto pel goig que em fa cantar.**[1] Recordamos por el inmenso placer que supone ampliar tus horizontes a aquel bisabuelo cojo, la dicharachera tatarabuela, el lejano ancestro albañil o la tía viuda de rojo que vendía cajetillas de tabaco en la boca del metro. Cantamos la memoria de otras por el gozo que nos produce hacerlo, porque ese cantar de Arderiu está en las antípodas del silencio que denunciaba Roig.

Invoco las casas que somos. En Barcelona, nuestro domicilio de la memoria estaría lleno de anarquistas que gritan **salut!** al cruzar la calle, militantes emigrados en la clandestinidad que aprenden con doble ele la **llibertat**, marineros que se besan oscuros o riadas de niñas entrando a la Escola del Bosc. Previo a la dictadura, floreció en Catalunya una vanguardia educativa que puso en el centro las ciencias, la poesía o el català. La renovación de la institución escolar requería de silabarios en este idioma, cuadernillos de ortografía y todo lo que sin palabras habla. Por eso entraría también en nuestra casa Josep Obiols, que trabajó un habla tan propia al género humano como

1. Canto por el gozo que me produce cantar.

la imagen. Formó parte de la Associació Protectora de l'Ensenyança Catalana, desde donde contribuyó a la elaboración de materiales pedagógicos con viñetas de pocos colores. Trazos de una luz de farola corriendo hacia el horizonte, mofletes de niños rebosantes como nidos de jilgueros. La historiadora del arte Pilar Vélez asegura sobre la obra de Obiols que **les atzavares, les orenetes, els vaixells a tot vent, els infants tendres, els rams de flors, les sanefes de les rajoles ceràmiques i un llarg etcètera van trobar en ell el millor divulgador.**[1] Esa forma de lengua vehicula la casa de la memoria: lo que habla con palabras, dibujos o gestos pero siempre desde la delicadeza, el detalle. En cómo entra una golondrina y no un cóndor a tu lapicero hay también una microfísica del poder: la de decidir con qué medida convives y escuchas.

Uno de sus trabajos más conocidos es *Auca del noi català, antifeixista i humà*,[2] un cuento editado en 1937 con textos de Pere Català i Pic. Las viñetas de Josep Obiols muestran que el antifascismo, la proclama de un porvenir pleno e incluso la lengua propia van más allá del discurso que puede hacer el lenguaje. Lengua propia son las piernas rollizas que vacilan en avanzar, un dedo que alumbra la punta de la nariz de otra persona. **Dit**[3] es muy cercano a **dir**,[4] y es que en la vivienda de la memoria todo lo que señala e indica lleva consigo un borboteo de mensajes. En uno de los textos del libro se emplea la palabra **eixerida**,

1. Los agaves, las golondrinas, los barcos a toda vela, los niños tiernos, los ramos de flores, las cenefas de baldosas cerámicas y un largo etcétera encontraron en él el mejor divulgador.
2. *Vida del niño altruista, catalán y antifascista.*
3. Dedo.
4. Decir.

que se traduce como 'alegre' y puede también significar 'despierta' o 'lista'. Desde el País Valencià, el verbo **eixir**[1] parece hilvanar un potencial hermanamiento entre las salidas y la alegría. Cuando la memoria sale a las calles en forma de lengua, cuando de las fosas salen los nombres propios y de las instituciones la ignominia se produce, de nuevo, una alegría; la dicha de lo dicho.

Alguien más giraría el pomo de la puerta. Acude, elegante y esbelto, con gafas de sol y luciérnagas en el bolsillo. La vivienda pertenece a una miríada de arrendatarios, se expande entre naciones, épocas y trayectorias diversas. Llama a la puerta Pier Paolo Pasolini, que mostró un fraterno y honesto amor por el català y su literatura. Desde otro fascismo, el de Mussolini, vio andar a escondidas otra lengua, el friulano, con la que escribió su primer poemario. Su interés por el friulano suponía un desafío al régimen y a su propia familia: su padre despreciaba el idioma mientras que su madre apenas había hecho esfuerzos para transmitírselo. Pese a todo, defendió el friulano y a través de ese ejemplo pudo identificarse, encontrar idéntica casa en la lengua catalana. Pasolini publicó una revista monográfica dedicada a la literatura en català, mucha de ella en una salida exílica que, en este caso, nada tenía de alegre ni de decidida. Apareció, entre otros, el trabajo de Carles Riba, poeta que en su juventud escribió: **en la paraula que de dintre mi / ressona entorn de mi, / Senyor, jo em sé més fort que el meu morir.**[2]

Dentro, en torno, a la vera o en las entrañas: nunca poseída. Palabras que reverberan, melodías con fuerza para

1. Salir.

2. En la palabra que de mis adentros / resuena en torno a mí, / Señor, yo me sé más fuerte que mi muerte.

paliar la muerte y a las que todo ser puede tentar. Palabras que salen alegres al bestiario de los días y el recuerdo, proclama de algarabía frente a los asentamientos del silencio. Una rústica resistencia que sobrevenga las talas de la imaginación, el balancín con que se pronuncian los pájaros y las formas del error. Un idioma donde cada arrabal de libertad sea zaguán sin cerrojo de nuestro hogar más amado.

# PLANVOLUT ARANÉS

Vielha, Val d'Aran

El antecedente latino de morir *–morior–* es un verbo deponente, es decir, un verbo conjugado en voz pasiva pero con significación activa. Cuando decimos que una lengua muere la pulsión deponente rebrota con fuerza: no hay idioma que muera pasivamente si no es por un activismo reiterado en contra de su existencia. Bien poco importa el número de hablantes, la tendencia histórica o cualquier factor disfrazado de neutralidad. Las lenguas –grandes, diminutas, favorecidas o minorizadas– no mueren con pasividad, sino por caza y captura.

Frente a la extinción de centenares de idiomas, los seiscientos kilómetros cuadrados de la Val d'Aran –situados actualmente al norte de Lleida– son un oasis de convivencia lingüística que se opone a la marabunta de palabras exterminadas en el territorio global. El aranés es una lengua que cuenta con tres mil hablantes nativos. Las políticas lingüísticas defienden su existencia de forma sólida: en el valle es la lengua de la escuela pública, sus libros y periódicos se distribuyen gratuitamente y cada año crece en número de hablantes y usos lingüísticos. Contra la tendencia mundial, el aranés cuenta desde 2018 con un 60 % de parlantes entre la población del valle y su salud sigue, lenta y humildemente, mejorando. La ciudadanía y las instituciones de este territorio están convencidas, como en los versos de la poeta M. Pilar Tusquets, de defender **era lengua qu'encara aué se parle, / pren suenh, non vo'la pane cap de bastard, / sense lengua non i a larèr ne pòble, / e sense eri, morís era Val d'Aran.**[1]

Para que una lengua pequeña –en cifras territoriales y humanas– tenga la situación del aranés es necesaria una **amassada**[2] de voluntades y acciones. Encuentros que en su idioma original transportan al horno y la artesa trabajo manual y nutricio de amasamiento, mezcla y producción de las palabras que sacian un pueblo. En Salardú –uno de los municipios del valle– se explican los procesos tradicionales de la producción de pan. Al leer un panel informativo sobre los molinos manuales, la lengua aranesa concede un hallazgo a quienes la desconocemos. El texto, descriptivo, explica el uso de **mortèrs de man plan rudimentaris entà pr'amor de produsir ua haria...**[3] En el envés de la cháchara informativa, se expresa la finalidad –el equivalente castellano a 'para'– con un **pr'amor de**. Cuando se defiende o reconoce una lengua para el amor de gozarla su alimento es certero como las hogazas y los chuscos que ocupan la mesa. La Val d'Aran ha sido una zona golpeada

1. La lengua que todavía hoy se habla, / ten cuidado, no os la robe ningún bastardo, / sin lengua no hay hogar ni pueblo, / y sin ellos, muere la Val d'Aran.

2. Encuentro.

3. Morteros de mano muy rudimentarios para producir una harina...

por durísimos inviernos, pobre de bienes agrícolas, incomunicada hasta bien entrado el siglo XX del resto de la península. Bajo la necesidad toda herramienta –un molino, la sal de estraperlo, el idioma– es apreciada no solo porque genera, sino porque lo hace por amor a la existencia, a posibilitar la vida.

El aranés conoce bien un antónimo de la finalidad amorosa: la finitud mortífera. Aunque su situación sea positiva, el aranés es una marca dialectal del occitano, idioma milenario y casi extinto en la actualidad. Es el aranés parte de una gran familia de hablantes, diseminados por la actual Francia, Italia y Mónaco. La política lingüística de estos tres Estados ha llevado al occitano a una inexorable herida, dando por zanjados siglos de historia y millones de bocas. La misma lengua que ordena el tráfico en Vielha es la que, a finales del siglo XII, empleaba la trovadora –en occitano, **trobairitz**– Beatritz de Diá como cientos de hombres y mujeres que alumbraron la literatura medieval. La poeta y música anhelaba en sus versos **esta chansson que me issa messatges**,[1] voluntad de discurso que hoy solo se brinda entre los bosques y ríos de Aran. Para amasar la lengua es preciso una dignidad institucional que no azuce la defunción del idioma. Catalunya, que ha conocido el dolor de una lengua censurada, supo tratar desde el fin de la dictadura al aranés con la consideración y el respeto que todo hablante merece. Permitir, contra una situación de declive, que florezcan canciones mensajeras para afrontar el presente y sus meandros. Al poeta en occitano Frederic Mistral se le puso impedimentos para ganar en 1902 el Premio Nobel de Literatura. Se intentó opacar su obra hasta que en 1904, descafeinando la distinción

1. Esta canción que me sea mensajera.

junto a otro premiado, pudo recibir este reconocimiento. En sus palabras –esculpidas hoy en la plaça d'Aran de Vielha–, el pueblo **se tèn sa lengo, tèn sa clau.**[1] La misma llave que ocupa el escudo de este valle es la que mantiene, como carreteras entre la nieve, la puerta abierta al idioma.

En la **amassada** hace falta el fermento de la esperanza. Incluso con un contexto tan favorable como anómalo en lo institucional, el aranés no podría prosperar si no es por la pulsión hacia lo rebelde que tiene la Val d'Aran. Durante siglos, el país del aranés anduvo saltando en manos de franceses, catalanes y españoles. También durante siglos, sus pobladores trasgredieron una y otra vez fronteras para generar posibilidades fuera de las acotaciones oficiales de los reinos. La historia de este territorio hace tangibles los versos de la poeta Carmen Estrada: **néish ua fòrta fòrça vertadèra / deth hons instintiu deth còr, / quan ei nafrada de mort era anma.**[2] Ante la gran herida del fascismo en Europa, las montañas de Aran fueron paso y refugio para miles de judíos perseguidos tanto por el nazismo como por su sucursal hispánica. En 1944, pocos meses después de liberar París, 13.000 españoles antifascistas soñaron con fuerte fuerza verdadera una liberación de la península sometida a las dictaduras de Franco y Salazar. Se produjo así, durante diez días de octubre, un intento de reconquista del Estado que tan solo llegó a fraguarse en algunos pueblos araneses. En Les, Bòssost, Canejan o Bausen se izó, en un brevísimo otoño, la bandera democrática de la Segunda República. En los tiempos más crudos de la posguerra, los montes de Aran dieron una brizna tricolor de

1. Si tiene su lengua, tiene su llave.

2. Nace una fuerte fuerza verdadera / del fondo instintivo del corazón, / cuando es herida de muerte el alma.

esperanza con su acción. La ofensiva fue tan hermosa como efímera; pocos días después, el ejército sofocó a quienes brindaron brevemente por una quimera necesaria. En el cementerio de Unha, diez maquis sin nombre descansan en nichos de granito negro. Anónimas, sus hornacinas reflejan los neveros y a cuantos seres se paran ante ellas. En ese reflejo se contiene lo imposible, que suele estar muy cerca de lo necesario. Su ejemplo reposa hoy en una tierra que ha conseguido, en las palabras, restaurar la república civil de lo digno y hermoso.

El aranés amasa fuerzas e ilusiones para todos los idiomas minorizados. Su situación es fiel a la lengua que define, el occitano, también conocido como lengua de oc. Y es que **eth tèrme òc correspón de dempús dera Edat Mieja ara particula afirmativa.**[1] El occitano es la lengua del sí, una afirmativa manera de ver y decir el mundo. Quiero conmigo todas las lenguas del sí, aquellas que se resignan a la negatividad instaurada, la declinación por inercia de otras formas de nombrarse.

Aunque seas lengua de trovadoras, fuentes y guerrilleros, mi encuentro más hermoso contigo, **planvolut aranés**, fue en el baño de una pensión de Vielha. Algo tan cotidiano como inadvertido me cautivó en cada cepillado de dientes. Sobre el inodoro, un cartel advertía:

> **Planvolut client. Diàriament en toti es otèls deth mon se lauen tones e tones de tovalhòles sense qu'açò sigue de besonh, en tot consumir atau milions de litres d'aigua e detergent innecessàriament. Mos a d'ajudar a evità'c. Se vosté dèishe es sue tovalhòles ena banhera,**

1. El término òc corresponde desde la Edad Media a la partícula afirmativa.

**les ac cambiaram. Se les penge en penjador, saberam que les volerà tornar a utilizar un viatge mès.** ETH MIEI AMBIENT L'AC ARREGRAÏRÀ.[1]

Diariamente en todos los hoteles del mundo se esconden las lenguas propias, quedan anegadas a la visión foránea. A diario transitamos lugares sin ocasión de oír y leer su discurso, sin oportunidad de vivir su lenguaje. Una vez más –**un viatge mès**– las lenguas generan tránsito, movilidad de la conciencia, trayecto inquieto. T'**arregraïsqui, aranés**, que brindes un ejemplo tan trascendente, que demuestres en tus verbos una convivencia afirmativa. La lengua del sí será siempre levadura de nuestras existencias.

1. Estimado cliente. Diariamente en todos los hoteles del mundo se lavan toneladas y toneladas de toallas sin que sea realmente necesario, consumiendo millones de litros de agua y detergente innecesariamente. Ayúdenos a evitarlo. Si deposita sus toallas en la bañera, se las cambiaremos. Si las cuelga en el toallero, sabremos que las utilizará una vez más. EL MEDIO AMBIENTE SE LO AGRADECERÁ.

# QUERÍU ASTURIANU

Museo Vostell Malpartida, Cáceres

El fuselaje de un avión ruso, dos automóviles, monitores de ordenador, tres pianos. Cigüeñas. La armonía, lo demostró el artista alemán Wolf Vostell, tiene que ver con la interdependencia y el respeto, no con la segregación o el purismo. Una de las piezas más famosas del Museo Vostell Malpartida es la escultura titulada *¿Por qué el proceso entre Pilatos y Jesús duró solo dos minutos?* Este gigante de dieciséis metros conjuga todos los elementos de moción, belicismo, tecnología y cultura que atravesaron los salones de la historia contemporánea. El artista quería que sobre ese obelisco de la posmodernidad anidasen las cigüeñas de la dehesa cacereña. La vida como un nido producido entre fricciones insostenibles y extrañezas que chocan. Y sobre él, crotorando con largo pico amarillo, las lenguas.

Mi primera relación con la lengua asturiana fue a través de mi profesora de guitarra. Como buena maestra, Inés me dejaba ocupar las clases con conversaciones interminables, invenciones y el pulso de unos ojos que rebasaban agitados cualquier metrónomo de conservatorio. En alguna clase trajo consigo *Cultures*, una revista de divulgación que publica la Academia de la Llingua Asturiana. Inés pertenecía a esa generación de asturianos que tocó con los dedos la **oficialidá** de la lengua. Pero incluso con unas cochambrosas condiciones de respeto y promoción institucional, a una hablante nadie le puede quitar decir **guitarrina**, ni siquiera estando destinada en comisión de servicios a Getafe. Cuando Inés me regaló esa revista, lo primero que leí fue un artículo: «Paisax y cultura n'Asturies (I) Bañeres y praos. Un análisis antropolóxicu».[1] Recibí esas páginas como si de una partitura se tratase. En lugar de leer el contenido, medía las sílabas, marcaba el ritmo de la evolución fonética y pasaba por mis labios los acordes más desconocidos.

Vuelvo años después al artículo como quien regresa a una casa de infancia. Su autor es el antropólogo Roberto González-Quevedo, natural de Palacios del Sil. En esta localidad de León, como en tantas otras, se habla y vive en llionés, el nombre tradicional que la lengua asturiana recibe en las comarcas norteñas de la provincia. Como cualquier idioma, el asturianu acepta distintas denominaciones pudiendo ser a un mismo tiempo **asturllionés, cabreirés** para los habitantes de Trueitas (León), **curixegu** en los callejones de Santa Cruz d'Abrantes (Zamora) o **pa̤l̤luezu** en las huertas de Laciana o Somiedu. El artículo plantea la cuestión de las bañeras de forma emocionante. Si para Marx el fantasma que andaba recorriendo Europa era el comunismo, González-Quevedo asegura: **los praos asturianos tienen en munchos**

1. Paisaje y cultura en Asturies (I) Bañeras y prados. Un análisis antropológico.

**casos un inquilino humilde y sorprendente: la bañera usada.**[1]

Entre fantasmas higiénicos, las páginas tratan un hecho natural como el uso creativo de recursos y un problema no menos común: la segregación como forma de pensamiento. **Destaca con munchu puxu lo repunantes que son los humanos cuando s'atopen con coses que tán fuera del so lugar culturalmente afitáu,**[2] leo años después.

Cuando el asturianu está fuera de sus fronteras autonómicas (no de sus fronteras culturales), **repunancia.**[3] Cuando la lengua está fuera del folk, la tradición y el chigre, **repunancia.** Cuando sirve la lengua de abrevadero útil y heterodoxo a las nuevas generaciones, **repunancia.** Una **repunancia** que subida de tono no dista del desprecio que brota cuando dos novias se dan la mano, una persona trans habita su vida con normalidad, una migrante escapa de la miseria o un paisano recicla una bañera para que beban sus vacas.

Como la estatua de Vostell, las bañeras representan armonía en un paisaje vivo, en movimiento. La armonía de los idiomas es, inherentemente, aleación, escucha y plurilingüismo. Debemos meter la bañera en nuestros diccionarios y libros antes que aceptar una sequía forzosa. En la misma Extremadura de dehesas posmodernas, las lavanderas y pastores asturianos dejaron la huella de su lengua hace ochocientos años. En lo más afectivo del idioma, el

1. Los prados asturianos tienen en muchos casos un inquilino humilde y sorprendente: la bañera usada.

2. Destaca con mucha fuerza lo pesados que son los humanos cuando se encuentran con cosas que están fuera de su lugar culturalmente fijado.

3. En asturianu y galego 'desagradable', 'pesado en la forma de ser', 'suspicaz'.

diminutivo, Asturies y Extremadura anidan sobre la misma terminación. La huella del aprecio luce blanca y rebosante de agua. También para las cigüeñas de Malpartida debo coger correctamente la **guitarrina**.

Muñón Fondiru

Al asturianu también se le ha denominado **bable**, en ocasiones sin mala voluntad, casi como un sinónimo. Hoy, quienes utilizan el término suelen entrecomillarlo en sus palabras españolísimas. No es una denominación aceptada por la gran mayoría de hablantes e instituciones de la lengua, en su etimología está la respuesta.

La procedencia más consensuada de la palabra **bable** se recoge en el *Diccionario etimológico* de Joan Corominas. Es probable que el término surja de la onomatopeya *babl-, que en inglés aporta el sustantivo **babble** o *balbus* en latín, ambos con significado de 'balbucear'. Otra hermana lejana de esta palabra sería el adjetivo latino 'barbarus', referido a la condición de extranjeros y brutos que los propios hispanorromanos otorgaron a los habitantes astures, autóctonos de esos valles conquistados tardíamente. Las otras opciones no son más alentadoras. Se especula que la palabra puede venir de la ciudad de Babel, invocando ese castigo a la humanidad descrito en el Génesis: hablar lenguas distintas. Una vez más: aquello punible para el monoteísmo es, a los ojos civiles de la poesía, una laica bendición.

Mi etimología favorita la escuché en Muñón Fondiru. Hijo de minero, Gustín se hizo mi amigo y diccionario durante varios días. Aprendí que en ese valle los petirrojos y las tropas francesas de Bonaparte tenían un mismo nombre, **coloraos**. Bajo el «castigo» bíblico se tejen las mejores amistades, aquellas que estiman y necesitan la mirada del otro para explicarse el mundo propio. Gustín me explicó que **bable** era una forma de llamar a su lengua porque en Eilao se habla de una forma (bla bla bla) y en La Preda de otra muy diferente (ble ble ble). Las lenguas que históricamente no han accedido a la esfera académica cargan hoy con un peso injusto: pensar que cada pueblo es un mundo. En efecto, la dejadez de los núcleos privilegiados ha permitido que la dialectología en asturianu sea más rica que en lenguas dominantes, pero esto no significa que de Las Rozas a San Fernando de Henares no cambie el castellano mesetario de la provincia de Madrid.

Menospreciamos un idioma cuando este es variado. Si se prefiere, rico. Lo equiparamos a un balbuceo, un barullo desordenado y agreste. Con la arrogancia de los gramáticos con tricornio, hay quien se cree en la potestad de decidir cómo se llama una lengua que no defiende. En enero de 2018, el *ABC* tituló una noticia: «La Academia del Bable censura el uso político de la lengua». **Academia de la Llingua Asturiana** es el nombre oficial reconocido por esta institución. En un uso muy político de la lengua, el periódico que felicitaba el cumpleaños a Hitler decidió llamar al asturianu, bable. ¿Es neutra esa palabra? ¿No se activa en ese caso la ideología?

Por suerte somos seres ideológicos, esto implica que tenemos –en mayor o menor medida– ideas. Las ideas que fundan el asturianu parecen estar aliadas con el ensanchamiento. Igual que la geografía del país se divide entre Oriente y Occidente, con esa misma grandeza, el idioma asturiano abre de par en par sus puertas al decir **oficialidá, llibertá** o **sociedá**. La oficialidad de una lengua maltratada, la libertad de las hablantes, la sociedad en la que nos mezclamos son conceptos demasiado grandes como para encerrarlos en sólidos finales consonánticos.

Con lengua bla o lengua ble, ojalá cesaran su militante persecución los grandes rentistas de la Torre de Babel. Ojalá nuestras palabras sirvieran para decirnos y no para dictarnos. Frente a tantos golpes, los versos de la poeta Lourdes Álvarez brindan amor y balbuceo necesario:

**Ámovos palabres xiblu que me peslláis los llabios;**
**palabres ensin dicir**
**qu'asomáis a los güeyos delles veces**
**y en madexes d'agua espardéis la murnia y l'orpín**
**y el color allunáu, encesu en toles nueches.**
**Ámovos entós, a la escontra'l silencio, dientro de mi**
**–manancial prietu de prietu xorrecer y rabia–**
**porque sois tolos soles que me faen falta ver**
**curiando de les tardes.**
**Palabres clares de la mio casa,**
**rellumos marxinales que recoyéis la voz**
**nel frío de los iviernos, palabres ensin dicir,**
**palabres calteníes na mio llingua: ámovos.**[1]

1. Os amo palabras silbo que me cerráis los labios / palabras sin decir / que asomáis a los ojos algunas veces / y en madejas de agua separáis la murria y la llovizna / y el color alocado, encendido en todas las noches. / Os amo por tanto, contra el silencio, dentro de mí / –manantial oscuro de negro crecer y rabia– / porque sois todos los soles que me hacen falta ver / pastoreando las tardes. / Palabras claras de mi casa, / resplandores marginales que recogéis la voz / en el frío de los inviernos, palabras sin decir, / palabras mantenidas en mi lengua: os amo.

Leí muchos poemas de Lourdes Álvarez subiendo a la aldea de Brañaḷḷamosa, en el conceyu de Ḷḷena. En una sinuosa carretera de montaña, los paisanos han construido bancos a modo de parada en los que me rezagaba, con la fatiga de un asmático, a picar algún verso y sorbos de agua. En apenas tres kilómetros de ascensión por el monte, sé que mis ojos obviaron cantidad de nombres, lugares que poseen una palabra porque existe quien los observa cotidianamente. El Pontón o Prau Elías son unos de los pocos espacios que conseguí nombrar. Pero, igual que en la poesía, lo que no anuncia su nombre siempre se agita, vivo, esperando que lo contemplemos.

Lourdes Álvarez fue la primera mujer galardonada con el **Premiu Nacional de les Lletres Asturianes.**[1] A quien escribe en una lengua despreciada, la reflexión poética sobre el lenguaje se le presenta evidente, como una parte innata de su pensamiento. En un poema, Álvarez escribe: **deprendierun silenciu / como señal d'amor.**[2] Al hablante de asturianu se le ha hecho creer en el silencio como señal de amor. Ese amor que tenían las abuelas al no pegar palabros a sus nietos, el punzante amor de quien mandaba a las criaturas a la ciudad para domesticar la lengua, e incluso el dudoso amor del que dejaba la tierra desprendiéndose del idioma torcido. A una lengua no se la oprime con otra más poderosa, sino con silencio. Esta es una de las consecuencias más nocivas de la diglosia: educar a una comunidad en la idea de que hablan mal y que, por tanto, habrán de callar como única vía de discurso. La poeta Berta

1. Premio Nacional de las Letras Asturianas.
2. Aprendieron silencio / como señal de amor.

Piñán apunta en la misma dirección: **nun dexes que piquen los intrusos / nesta que fue la nuestra / patria pequeña / de silencios.**[1] La lengua asturiana se ha visto forzada a construir su pequeña patria de hablantes sobre un espacio de mudez, relegado siempre a la humildad, empobrecido por una falta de identidad territorial y una burguesía mayoritariamente forastera.

La lengua no es ajena a esta realidad, el verbo **mancar** simboliza el continuo estigma que pesa sobre ella. En asturianu, este verbo equivale a 'dañar', mientras que en català, **mancar** es 'faltar' o 'carecer'. No hay mayor daño para una lengua y sus hablantes que la falta de autoestima, la carencia de referentes normalizadores y vías de prestigio que sitúen al idioma en un lugar digno y salubre. Este vacío dañino, claro está, no es culpa de la población asturiana: la víctima no es una victimaria. Si el silencio se ha inoculado en la médula del asturianu ha sido por décadas de apisonadoras institucionales trabajando a destajo en debilitar, ridiculizar y estrujar el idioma. Igual que la industria española y europea esquilmó el carbón a costa de mineros fallecidos y explotación laboral, la homogeneización lingüística arrasó con la vitalidad que el asturianu, en sus diferentes dialectos y expresiones culturales, podría haber gozado.

Al subir a Brañaḷḷamosa paseé por sus breves calles. El lavadero, la fuente, la palloza donde un mastín ladraba desbocado. En una inercia de mis funciones turísticas visité la capilla, que era tan grande como el salón de cualquier piso modesto. La **vara yerba**[2] en la huerta de enfrente tuvo mu-

1. No dejes que llamen los intrusos / en esta que fue nuestra / patria pequeña / de silencios.

2. Pajar, hierba apilada en el prado.

cho que ver con mi inusual peregrinación: relucía como un cáliz, mojada y poderosa. La capilla, casa de Dios en Brañaḷḷamosa, permanecía cerrada y con candado. A través de un ventanuco pude ver el altar, donde las varias estatuas de santos y el crucifijo convivían con un cuatrisquel y otros símbolos celtas. Por mucho que la religión católica oprimiese esta tierra, se continuó labrando toda la simbología politeísta en sus sucursales, por si las moscas. Aunque te vaya a proteger tu Dios todopoderoso, nunca está de más tener una relación cordial con el resto de las deidades.

La lengua asturiana ha sido también esa religión prohibida y popular. A la hermana pagana no se le podía rendir culto en documentos, leyes o ciudades, pero el arraigo de paisanas y trabajadores, feligreses de la palabras, consiguió que hoy pequeños espacios mantengan veneración y aprecio por la palabra hereje.

Al bajar, mucho más ligero, vuelvo a Lourdes Álvarez: **saben poco los dioses de la vida, / del escuru presaxu qu'envuelve la materia / y fai de los pretéritos el llugar del deséu.**[1]

Paniceiros

**Prestar** es una de las palabras más absolutas en asturianu. Expresa gusto o predilección, subraya que algo te agrada. En castellano, tiene un significado de concesión o de tenencia temporal, algo que no te pertenece pero empleas. La lengua asturiana vive de prestado, siendo a la vez un gozo y una especie de concesión precaria. Cualquier

1. Saben poco los dioses de la vida / del oscuro presagio que envuelve la materia / y hace de los pretéritos el lugar del deseo.

hablante de asturianu crece en entornos que, en el mejor de los casos, marcan esa condición de préstamo o licencia: habla asturianu, pero hazlo en la aldea. Habla tu lengua, pero no pidas que se oficialice, que se defiendan tus derechos lingüísticos, que respondamos con tus palabras.

El poeta Rubén d'Areñes escribe: **eses otres enseñances / les que nun pidíemos / y venían también, callandino / buscándomos.**[1] Hay aprendizajes que uno juraría no haber estudiado, violencias que moldean nuestra forma de ser y en consecuencia las palabras que somos. Con sus habituales retrasos y letanías, la C-1 Puente Fierros-Xixón hace de sus vagones y asientos un laboratorio lingüístico único. Una mañana de agosto cogí este tren para ir a Uviéu. Cuando llegó la parroquia de **Uxo**, la megafonía anunció Ujo. Quienes se montaban y bajaban en esa estación hablaban en asturianu sin poner demasiada atención a lo que la voz mecánica del tren sermoneaba. Cuarenta o cincuenta minutos después, llegados a la capital, el vagón se dividía entre el silencio murmullo y un castellano firme, agarrotado.

Callando llegan las lecciones del poder para quienes van **cola dulda siempre nos llabios.**[2] Esta es una de las frases de *Hestoria universal de Paniceiros*, uno de los libros más importantes de la literatura asturiana escrito por el poeta Xuan Bello. El mundo, inmenso como una aldea, se narra en estas páginas que no son ajenas a la lengua en que se gestan. Las tropas fascistas que entraron en Paniceiros eran –según cuenta el autor– italianos de Mussolini. Italianos que hablarían napolitano, siciliano o sardo. El italiano estándar –reservado para algunas zonas geográficas, admi-

1. Esas otras enseñanzas / las que no pedimos / y venían también, silentes / buscándonos.

2. Con la duda siempre en los labios.

nistración y burguesía hasta bien entrado el siglo XX– tendría para muchos la misma connotación y la exacta distancia que el castellano en los prados de Paniceiros. Bello describe un encuentro entre las tropas y un paisano, Rosendo Trevías:

> Cuando llegaron los italianos, Rosendo taba cuchando nuna campa que tenía na Espina. L'intérprete, un venecianu, traducío en castellanu taramiellu les preguntes del teniente que mandaba la compañía:
>
> –¿Qué haces en el área de operaciones? ¿Cómo te llamas? ¿Eres un espía de los rojos?
>
> Rosendo Trevías sonrió, dio los bonos díes, y contestó como sabía:
>
> –Toi cuitando ya chámume Rosendo, de casa Trevías de Las Tabiernas. Ya roxu non sou, señore, que bien se ve que sou morenu.
>
> El venecianu nun entendió. El teniente ordenó, impaciente y imperativu, que traduciera d'inmediato aquelles palabras. Volvió l'intérprete a pregunta-y a gritos, hasta tres veces.
>
> –Chámume Rosendo, chámume Rosendo –dicía'l paisanu.
>
> –¿Qué ye lo que diz? –gritaba'l teniente.
>
> –Nun lo sé, mio teniente. Ye un estranxeru. Un espía infiltráu nes nueces files.
>
> La muyer de Rosendo Trevías recoyió'l cuerpu a los tres díes, cuando yá los cuervos s'apilaben sobre'l cadabre y yá nun sonaben los tiros de los cañones que, hasta entós, los espantaren.[1]

1. Cuando llegaron los italianos, Rosendo estaba abonando en un prado que tenía en la Espina. El intérprete, un veneciano, tradujo

La historia de Rosendo –real o no, es lo de menos– destila la manera en que miles de personas sienten su lengua nativa como prestada por instantes, esa anómala condición de extranjero en tu propio país. La escritora Laura Marcos escribe: **nacer una y tantes veces / de tantes y tantes fontes.**[1] En los trenes que cruzan la arqueología industrial, en las ciudades mejor vestidas y en la alacena de las casas. En todos esos lugares, llamándonos por nuestros nombres, nacer una y mil veces con la fuerza y el ahínco de quien abona las tierras campas.

---

en un castellano confuso las preguntas del teniente que mandaba la compañía:

–¿Qué haces en el área de operaciones? ¿Cómo te llamas? ¿Eres un espía de los rojos?

Rosendo Trevías sonrió, dio los buenos días, y contestó como sabía:

–Estoy abonando y me llamo Rosendo, de casa Trevías de Las Tabiernas. Y rojo no soy, señor, bien se ve que soy moreno.

El veneciano no entendió. El teniente ordenó, impaciente e imperativo, que tradujese de inmediato aquellas palabras. Volvió el intérprete a preguntarle a gritos, hasta tres veces.

–Me llamo Rosendo, me llamo Rosendo –decía el paisano.

–¿Qué es lo que dice? –gritaba el teniente.

–No lo sé, mi teniente. Es un extranjero. Un espía infiltrado en nuestras filas.

La mujer de Rosendo Trevías recogió el cuerpo a los tres días, cuando ya los cuervos se apilaban sobre el cadáver y ya no sonaban los tiros de los cañones que, hasta entonces, los habían espantado.

1. Nacer una y otra vez / de tantas y tantas fuentes.

La letra del himno asturiano nació –no podía ser de otra manera– en Cuba. Se piensa que la melodía procede de los mineros polacos que trabajaban en Les Cuenques a comienzos del siglo XX. Si nos fijamos, la letra de **Asturies, patria querida** comienza con una voluntad de regreso, desde una posición migrante, cuando no exiliada:

> **Asturies, patria querida,**
> **Asturies, de los mios amores;**
> **¡Ai, quién tuviere n'Asturies**
> **en toles ocasiones!**[1]

Quien sí ha estado en todas las ocasiones es la falta de inversión, la represión política o el desmantelamiento de la economía rural. Precisamente la letra del himno en asturianu, comparada con la versión en castellano, tiene en su quejido un **¡ai!** Esa queja también compone una lengua, una identidad territorial mermada y una eterna sensación errante que junta a mineros polacos y letristas cubanos para explicarse a uno mismo. Vuelvo a Berta Piñán; en su poema «Idiomes» da cuenta de esas palabras perdidas por la violencia lingüística y la violencia económica que han succionado como piojos la imaginación de una mayoría social. Piñán escribe:

> **En volviendo d'Alemania**
> **compró pisu nuevu y muebles**
> **de primera. Quería que too**

1. Asturias, patria querida, / Asturias de mis amores; / ¡quién estuviera en Asturias / en todas las ocasiones!

**fuera como enantes pero**
**meyor, con perres y tiempu**
**pa gastalo. Pero nada yera**
**yá lo mesmo. Cuando ella decía**
**güerta, los sos fíos repetíen**
**Gemüsegarten. Cuando ella decía**
**ríu, monte, ellos pronunciaben**
**Flüss, Gebirge.**
**Cuando ella decia casa,**
**ellos miraben, roceanos**
**pa otra parte.**[1]

Asturies es un país hecho a la introspección. Su corazón latente en minas y piedra, el grisú a la vuelta de la galería. Del mismo modo, la lengua vive en las cocinas más austeras, entre madres deslomadas en hoteles alemanes y los operarios del mar echados a los pesqueros. Asturies es, para la historiografía españolista, el resquicio inmaculado de castos visigodos que iniciaron una reconquista. Lo de después parece caer en el olvido. Miles de don Pelayos cogiendo autobuses nocturnos para regresar a casa por el fin de semana, **fabes** en la maleta porque iguales no llegan al supermercado, casadielles en Uviéu y vuelta a empezar. La mística asturiana del nacionalcatolicismo choca con la realidad de un país y una lengua netamente proletarias.

1. Al volver de Alemania / compró piso nuevo y muebles / de primera. Quería que todo / fuese como antes pero / mejor, con perras y tiempo / para gastarlo. Pero nada era / ya lo mismo. Cuando ella decía / huerta, sus hijos repetían / Gemüsegarten. Cuando ella decía / río, monte, ellos pronunciaban / Flüss, Gebirge. / Cuando ella decía casa, / ellos miraban, recelosos / hacia otro lado.

Una de las palabras más propias y reconocidas en Asturies es **guah.e.** El niño, la persona de corta edad en asturianu viene de un préstamo inglés, **washer.**[1] Los dueños europeos de las minas llamaron así a la población infantil que malpagaban para limpiar la hulla, recogerla y tratarla una vez expulsada por sus padres de la mina. Si una dc las palabras más reconocibles de la lengua es un préstamo anglosajón que llegó para someter a la clase obrera, está claro desde qué lugar enuncia el asturianu. Antón de Marirreguera escribió en el siglo XVII el primer texto poético conocido en la literatura asturiana: «Pleitu ente Uviéu y Mérida pola posesión de les cenices de Santa Olalla». El poema comienza con unos versos dedicados a las abejas, animal obrero y republicano que vive en pequeñas comunidades de resistencia: **cuando examen les abelles / y posen de flor en flor, / si les escurren s'espanten / vanse y non facen llabor.**[2]

La poesía escrita en asturianu empieza con unas abejas y con el peligro de que no cumplan su cometido. Miedo y trabajo, niños lavadores, casas donde entró el dinero y salió la identidad.

Durantc cl franquismo, el Ministerio de la Vivienda construyó varias barriadas de edificios en ciudades como Uviéu o Avilés. Los solicitantes de estos pisos comenzaron a preguntarse entre ellos: **¿tocóte una casa?**[3] Así, acabaron por llamar a su propio barrio Tocote, rechazando nombres de vírgenes y otros fetiches del régimen. Incluso más emocionante es en Avilés el barrio de Tocarate. Cuando

1. En inglés, 'lavador'.

2. Cuando enjambran las abejas/ y vuelan de flor en flor, / si las persiguen se asustan / se marchan y no trabajan.

3. ¿Te tocó una casa?

tras el primer concurso público se ampliaron las viviendas para el resto de los rabajadores, la pregunta evolucionó a promisión: **si nun te tocó, tocarate!**[1]

La casa del asturianu tendría su código postal en el barrio de Tocarate. Una casa que espera ese futuro como se espera el jornal en las fábricas o el chocolate en las mesas. Una casa que espera y merece recorrer el presente por una **sienda** mucho más amable. Senderos que en asturianu llevan en su forma léxica la afirmación, el 'sí' de porvenir. Esa **sienda** no es nueva, si algo sabe hacer la clase obrera es reconvertir un insulto en seña, una bañera en abrevadero. En la Revolución d'Ochobre, las y los revolucionarios asturianos cantaban por las calles breves de la República Socialista Asturiana:

> **Asturies, tierra bravida,**
> **Asturies, de lluchadores;**
> **nun hai otra como'l mio Asturies**
> **pa les revoluciones.**[2]

Xixón

Cada lengua encarna una cosmovisión que palpita en los detalles más ligeros, en aquello que no tiene tapas ni gramaje de libro, en el silbo del gorrión. Alfredo García Dóriga iluminó, tal vez por casualidad, una de las representaciones lingüísticas más acertadas para con el pensamiento asturiano. Dóriga nació en Lugo, fue uno de los

1. ¡Si no te tocó, te tocará!

2. Asturias, tierra bravía / Asturias, de luchadores;/ no hay otra como mi Asturias / para las revoluciones.

primeros galleguistas y supo buscar en Asturies una prima hermana que comparte **carbayu, orbayu** o **xeitu**[1] con el galego. A finales del siglo XIX publicó dos poemas en el asturianu de Ḷḷena, «El guetu de Retruyés» y «Los pelos del Filanguiru». Lo más interesante no son los versos, sino unas notas previas a los poemas que describen cómo se introdujo García Dóriga en esta lengua:

> nadie podrá imaginarse que llaman **conceyón** al que vive de Pola de Lena para arriba (en dirección a Castilla) y **conceyín** al que vive de Pola de Lena para abajo (en dirección a Oviedo).

Nadie podrá imaginarse, o sí. El gentilicio, curiosamente, portaba diminutivo al enfocarse hacia Asturies mientras que se amplificaba con aumentativo si su orientación era Castilla. La violencia que ha padecido el asturianu como idioma es una de las más agresivas que se han dado en el Estado, perpetuándose hasta hoy con argumentos tan curiosos e insustanciales como ese reparto de la grandeza y la pequeñez en los mapas de Ḷḷena.

España, además de un país atestado de conejos (acudo a la etimología fenicia de **is-pan-ya**), también es un verbo lúcido en asturianu. **España de risa** significa, por ejemplo, 'estalla de risa'. Esta homonimia afilada permitió que muchos asturianistas en el exilio, al enviar sus postales, pusieran en la dirección **España** y, entre paréntesis, **que españe**. Fuera de la retranca y en lo efectivo, hay una idea de Estado que estalla en odio, España **españando**, cuando ve su

1. En galego **carballo, orballo** y **xeito**. Se corresponden a 'roble', 'llovizna fina, ligera' y 'forma', 'maña', 'gracia' (de difícil traducción).

diversidad. Una patria poblada de supuestos gramáticos que se asustan cada vez que se habla asturianu. Muchos replican que «el bable no es una lengua, es español mal hablado». Es curiosa la vocación lingüista que poseen algunos al hablar en la barra del bar sobre lenguas, un interés tan pasajero como obsoleto: una vez que deciden lo que es y deja de ser una lengua, se acaba la filología. Yo no hablo asturianu, por eso me pregunto si estos académicos de guardia saben colocar una marca de complemento indirecto, usar el género neutro o pronunciar palatales africadas según el conceyu donde estén. Un verso de Vanessa Gutiérrez remata en una oración la falacia. Si el asturianu es español mal hablado, que cualquier hispanohablante traduzca estas pocas palabras: **apolazo les arestes de estes tisories.**[1]

Otra baza de los monolingües acérrimos es el folclorismo. El asturianu está bien después de tres **sidres,**[2] en una **folixa**[3] o con la **güelina.**[4] Llegados a Hacienda o al aeropuerto, es otro cantar. Esta reclusión de una lengua a su expresión cultural tradicional es, además de necia, peligrosa. Mientras la lengua no ha sido oficializada y en la educación pública no se normativiza su estudio, se ha visto en los últimos años al IKEA escribir **¿Tas fartucu? Pidi un tupper**[5] en su restaurante o al McDonald's sugerir **¿fame?**[6] en la cartelería. Estas mismas empresas no tienen servicio al cliente en asturianu, no traducen sus produc-

1. Afilo las aristas de estas tijeras.
2. Sidras.
3. Fiesta.
4. Abuelita.
5. ¿Estás lleno? Pide un tupper.
6. ¿Hambre?

tos ni tampoco priorizan el trato al cliente en la lengua propia del territorio. El asturianu ocupa el lugar superficial del gesto, la deferencia cómica y tierna que, sin embargo, no entra a los catálogos de estanterías o las cartas de hamburguesas.

Un hablante de lengua minorizada sabe que las razones y excusas para odiarle –a su lengua y, en consecuencia, a él– son infinitas y de gran potencial creativo. Otra carta que se juega con frecuencia puede ser la del desdén. «El asturianu no importa», dirán, «a la gente le da igual». Para no importar, son muchas las zancadillas puestas a la lengua. Si tan poco interés tuviera, cualquier concejala, maestra, médico o niño de ciudad podría hablarlo sin que suscitara polémica, caras desagradables o insultos. Este discurso es la filial idiomática de «la memoria histórica es irrelevante» o «¿a quién le importa la poesía?». El asturianu no daña hasta que llega a una facultad o a la tribuna del Congreso. Cuando la poeta Sofía Castañón –diputada por Asturies en las listas de Unidas Podemos– decía **Xixón**, su compañera de circunscripción por el Partido Popular –Paloma Gázquez– le reprendía en público: «Gijón, y no Xixón, señora Castañón». Castañón, además de escritora, es graduada en Filología Hispánica. Ella también vería en esa reprimenda un oxímoron: extraña forma de no importar aquella que chista, quita carteles, prohíbe conciertos y sustrae inversión pública siempre que puede.

La oficialidad del asturianu casi se ha conseguido en dos ocasiones: durante la redacción del Estatuto de Autonomía y en 2022. En este último momento, la cámara de diputados contaba con los apoyos mayoritarios de las izquierdas y de un diputado de Foro, regionalistas conservadores. Adrián Pumares era esencial para obtener los números que permitiesen cambiar el Estatuto y equiparar los derechos del asturianu a idiomas como el galego, el euskera o el català. Aunque son muchas las complejidades y partes de la ecuación que estuvieron involucradas, cuando las negociaciones se cerraron, la ultraderecha –con apenas un 6 % de los votos en las últimas elecciones– lanzó una campaña empapelando las vallas publicitarias de Asturies: «Los Adrianes te quieren meter la llingua». En ella salían Adrián Barbón, presidente de Asturies, y Adrián Pumares besándose. La extrema derecha se apañaba para matar muchos pájaros de un tiro: oponerse a la oficialidad, lanzar un ataque homófobo a Barbón y chantajear al diputado Pumares poniendo en cuestión su orientación sexual. Esta fue una de las principales razones para que cayera la propuesta de oficialidad.

En asturianu, **güeyo**[1] y **güei**[2] se diferencian por una vocal. Los **güeyos** que **güey** mantiene el poder otean con el mismo desprecio e idénticos glaucomas de prepotencia. En el lado opuesto, la proclama de la lengua significa respeto, afecto y escucha. Contra el griterío de la ignorancia, con la arista bien afilada de su tijera, escribió Vanessa Gutiérrez: **guárdame del tiempu del odio / y de la tierra d'olvidu / na que van desterrame.**[3]

Casorvía

Jackie Élie nació en el seno de una familia sefardita en Argelia. El hebreo o el judeoespañol podrían haber

1. Ojo.
2. Hoy.
3. Guárdame del tiempo del odio / y de la tierra de olvido / en la que me van a desterrar.

sido sus lenguas maternas, pero ambos idiomas se perdieron por el desagüe de la historia y los exilios. Hablaría entonces árabe argelino, tamazight, cabilio, shawia o alguna de las lenguas bereberes propias de su país, pero el colonialismo se encargó de anquilosar con monolingüismo su educación obligatoria. Jackie Élie Derrida cambió su nombre por Jacques Derrida. Años después diría que «la poesía es un erizo que está / arrojado al margen del camino, de la / autopista, que se cierra sobre sí mismo y, a / la vez, se expande: que está expuesto a la / muerte y lucha contra el olvido». Habló de un **hérisson**, pero en su conciencia léxica hibernaba un **qippôd**, un **qanfūd**, un **ekenesseï** o un **insi**.[1]

En una prisión fascista, Antonio Gramsci narraba cuentos a sus hijos por carta. El pensador pedía a su hermana Teresa que los niños aprendieran el sardo, que no cometiesen el error de renunciar a la lengua de Abas, su pueblo natal. Con la cabeza en la infancia, Gramsci escribió un cuento en italiano –*L'albero del riccio*– que hablaba de unos erizos sardos, que podrían haber sido **eritzos** en vez de **ricci**.[2] En lo profundo, los erizos gramscianos llenaban sus púas de manzanas en los pomares nocturnos antes de hibernar.

Guadalupe Grande vivió toda su vida en el madrileño barrio de Chamberí. Su lengua fue el castellano, pero el apellido euskaldún de su abuelo Lorenzo Aguirre, el nacimiento de su madre en Alacant o el exilio de su familia materna en Francia pudieron haber llevado a la poeta a otras palabras. Podrían haber sido **trikuak**, **eriçons** o **hé-**

1. Transcripción al alfabeto latino de la palabra «erizo» en hebreo, árabe magrebí, tuareg y tamazight, respectivamente.

2. 'Erizo' en sardo e italiano, respectivamente.

**rissons**[1] los animales que dieran título a su poemario *Hotel para erizos.*

En la revista *Vindonnus*, un artículo de Xulio Concepción Suárez cuenta una historia de infancia. La nieve cubre la parroquia de Casorvía. Con la exacta insistencia con que los copos caen al techo de los establos, con el mismo frío, franquismo y nieve comparten un mismo silencio gélido. Los niños del lugar van a la escuela. El primer día de clase el maestro, castellanohablante, enseña las vocales. En la pizarra amenaza una *A* mayúscula con aristas de escuadra y cartabón, mientras una *a* minúscula se perfila lenta como la piedra de un molino. El maestro dibuja al lado un abanico y examina a las rodillas desnudas: «es la *a* de...». Todos los **guah.es** gritaron al unísono: ¡***a*** **d'abanicu**! Del abanico al **abanicu** el pecado de hablar tu lengua se podía permitir. Las terminaciones en *-o* calarían de forma más paulatina, convertidas en noticiarios, textos escritos, señoritos de capital y años de maestros no asturianos. Al llegar la siguiente vocal, la diferencia entre lengua hablada y lengua oficial se abre como las hoces de un río. La *e* aparece al tiempo que un erizo ocupa la pizarra. En ese baile de partículas, la tiza cayendo al encerado, el maestro repite la operación: «es la *e* de...». Los **guah.es**, sin dudarlo, replican: **¡ye la *e* de curcuspín!**[2]

Por mucho que salgan a la pizarra, los erizos normativos son pocos en comparación con los **curcuspines** asturianos, sardos, euskaldunes o bereberes. Las minorías, en su conjunto, son mayoritarias y universales. En un mundo tan arrasado de erizos monocromáticos, buscar el **curcuspín** es una necesidad. Claro que está más escondido en su madri-

1. 'Erizo' en euskera, català y francés, respectivamente.
2. ¡Es la *e* de **curcuspín**! (en asturianu, 'erizo').

guera, educado en la humildad del animal vulnerable, pero contiene la misma belleza que la poesía. Sin el asturianu oficializado, hoy el alumnado de educación primaria se encuentra ante una insólita bifurcación. Deben escoger entre dos asignaturas: Llingua asturiana o Cultura asturiana. Sorprendente idea la que separa una lengua de su cultura. Si lo trasladamos al castellano, nos resultaría cómico pensar en una clase de Cultura española para españoles en inglés, mismamente. Sin embargo, no es algo tan alejado de la realidad. Cursé la educación obligatoria en un colegio y un instituto público de la Comunidad de Madrid. Todas mis asignaturas a excepción de Lengua y Matemáticas se impartían en inglés. Mientras hay quien se escandaliza porque las niñas y los niños de Asturies tengan un mínimo contacto educativo con la lengua de su territorio, los estudiantes de la Comunidad de Madrid aprendemos, en más de la mitad de nuestros centros públicos, **Spanish History** en forma de **Franco's Dictatorship**, **Seville** o **Catholic Kings**.[1] Por mucho que el erizo sea predominante, siempre hay un depredador mayor alerta: también existe la *e* de **hedgehog**.[2]

La violenta confusión entre enseñar y reprender ha atacado a la educación mucho tiempo. Un 80 % de los hablantes de asturianu en Xixón, Avilés o Uviéu nunca accedieron a estudiar su idioma en la enseñanza obligatoria. Incluso hoy, los **curcuspines** mejor parados deben encontrar entre las aulas su horario lectivo en asignaturas optativas de apenas dos horas semanales. Frente a la escuela entendida como sucursal del Estado sólido, contra la represión hecha erizo en las pizarras del franquismo **la mio**

1. 'Historia de España', 'dictadura de Franco', 'Sevilla', 'Reyes Católicos'.

2. 'Erizo' en inglés.

**alma ye la del curcuspín / que crucia adulces les siendes secretes del monte.**[1] Este verso de Berta Piñán demuestra una diferencia crucial. El **curcuspín** amenazado no saca los pinchos para dañar, no para corregir. Muy por el contrario, enfila sus púas para recolectar las manzanas cargadas de semilla y nutriente.

Piloña

A punto de comenzar la función en el Teatru Campoamor. Cuando se pide al público que apague el móvil en asturianu –previamente se hace en inglés y en castellano–, gran parte de la burguesía ovetense comienza a patalear y a silbar a la megafonía. Un corral de laca, gemelos y caramelos de café berrea ante palabras enlatadas, palabras que ofenden por el hecho de existir. Una Uviéu en su siesta secular trae, como el beso asqueroso de un acólito, antiguos fantasmas de la dictadura. En los periódicos de 1937 se leía:

> cuando entres en un café, en un teatro, en un paseo, o en un hotel y no oigas hablar en español, enfréntate con los malos españoles que no hablen en español y oblígales a que lo hablen.

Fuera del teatro, en la romería, canta Rodrigo Cuevas: **Piloña tiene la fama / de sidra y buen aguardiente / de tener ḥuentes mui fríes / pero mozos mui calientes.**[2]

1. Mi alma es la del erizo que cruza despacio las sendas secretas del monte.

2. Piloña tiene la fama / de sidra y buen aguardiente / de tener fuentes muy frías / pero mozos muy calientes.

El artista trabaja desde una tradición sensible a la alegría que le ha convertido en un mito ineludible de Asturies. La prensa más casposa llegó a denominarle «transformista supremacista asturiano». Todo un honor.

La oposición que encuentran las lenguas propias del Estado frente al castellano es del todo iracunda. Frente al berrinche pueril o las acusaciones de supremacía, la única manera de defender la pluralidad lingüística es el pacifismo. No he visto a Rodrigo Cuevas hablar contra los «heteronormativos supremacistas españoles» ni a la audiencia asturianofalante del Campoamor abuchear el saludo inicial en lengua inglesa o española. Posicionarse a favor de la diversidad es posicionarse en la dialéctica de la no beligerancia, de la abolición impositiva y el pensamiento fronterizo. El asturianu nació con la *Nodicia de kesos*, un pequeño inventario de quesos en un monasterio leonés del siglo X. ¿Qué tipo de violencia puede ejercer una lengua que nace en las despensas para dar cuenta de las cuatro cuñas que fueron gastadas durante una visita del rey? La pre gunta resulta igual de redundante si nos vamos a la otra orilla. ¿Qué superioridad intenta implantar el pensamiento monolingüe, si su español nació de un monje como poco trilingüe que anotaba ocurrencias en los márgenes de un texto?

Siendo un territorio no demasiado grande, Asturies tiende a dividirse en Occidental, Central y Oriental. En el Occidente, la Terra Eo-Navia emplea una vertiente dialectal del asturianu, el **eonaviegu** o **galegoasturianu.** La lengua que rompe los esquemas limítrofes padece más que ninguna el desprecio y la persecución, queda entre aguas a merced de las olas y de una existencia que es, en su totalidad, resistencia. Esther García López asume esa fragilidad sin ningún odio: **escribí'l miou nome / nel auga del mar**

**con l.letras líquidas.**[1] Las mismas letras líquidas, arriesgadas a romper contra la roca, son también víctimas de posibles naufragios, de desapariciones repentinas. María José Fraga Suárez, también en eonaviegu, advierte: **os naúfragos que somos / saben / qu'el isla qu'habitamos / vaila tragar el mar / y a nosotros con ella.**[2] Poca violencia plantea la existencia de estos versos, difícilmente comparables al acoso o el insulto. Son equiparables a la cencella que dice su nombre en los resquicios más sombríos de un **prao.** Eso sí, la condición de escarcha no resta un ápice de rebeldía ni de futuro. Fraga Suárez parece contestarse a su mismo naufragio: **tou viva pra dar fe.**[3]

Estar viva para dar fe es abismalmente contrario a estar vivo para imponer rendiciones. Hay a quienes se les complica existir sin empujar lo que les rodea, como si una mirada o unas palabras significasen la ceguera y la mudez de todo el resto. La presencia del asturianu en la música actual, en la literatura o en los espacios públicos no incita a ese odio, sino que deja una humilde y luchada **güelga.** La palabra puede significar 'huelga' o 'huella', y es que no hay mayor manifestación que el hecho de ser nombrado, caminar en los entornos donde has sido históricamente omitido. La **güelga** no insulta, no ridiculiza, no atenta contra otras pisadas hermanas. Esta es otra razón para amar y conocer las lenguas de un Estado, su condición pacifista. No soy asturiano, pero sí antibelicista. En un contexto donde una lengua patalea y otra asume un naufragio, tengo claro dónde está la necesidad, el apoyo y la defensa.

1. Escribí mi nombre / en el agua del mar con letras líquidas.

2. Los náufragos que somos / saben / que la isla que habitamos / la tragará el mar / y a nosotros con ella.

3. Estoy viva para dar fe.

Tenemos la grandísima oportunidad de ser gentes derrotadas, pues emprendemos múltiples derroteros. Con fuentes muy frías, teléfonos en modo avión y esperanzas de salitre: sin borrar ninguna huella.

Xaime Martínez escribe que el poeta **saldrá mellor paráu / si al llau de la pistola y de la espada / tresporta, envede pólvora, bombones.**[1] En lugar de ignorancia, la lengua decide llevar siempre quesos, mozos y sidra.

## Valliniello

En la parroquia de Valliniello, los gases tóxicos emitidos por las fábricas de aluminio y otros metales hacen que aumenten en un 50 % las posibilidades de sus vecinos a contraer cáncer de pulmón. La población de las zonas industriales en Asturies sabe lo que es inhalar productos químicos en el Paraíso Natural, convivir durante años con ese monstruo de metal que te da de comer y te mata. Del mismo modo, el poeta Gonzalo Llanedo Pandiella escribe: **respiré dende mozu / la llarga fumareda / que dexa por rastru / la palabra globalización.**[2]

A la globalización habría que **variarla**, que en asturianu significa 'varear'. Cambiar las cosas, variar, quiere decir zarandear, varear para alcanzar frutos a través de una intensa agitación. Si las dinámicas económicas y sociales del mundo en los últimos años caminan hacia una mayor conexión, esto debería implicar intercambio, no destrucción.

1. Saldrá mejor parado / si al lado de la pistola y de la espada / transporta, en vez de pólvora, bombones.

2. Respiré desde joven / la larga humareda / que deja por rastro / la palabra globalización.

Cuando la globalización signifique apertura, conectividad o interrelación, veremos cómo en los pueblos de Wisconsin celebran el Samaín, o cómo se baila corri-corri en los condados del sur de Georgia. Por el contrario, en todos nuestros diccionarios la palabra «globalización» es sinónimo de homogeneizar –y simplificar– la identidad bajo el dogma económico del capitalismo. El poeta Diego Solís señala: **la globalización fíxonos iguales, / iguales a animales que consumen, / cebaos, pa dar de comer al matarife.**[1] De nada nos sirve una igualdad que nos hace universalmente mediocres o ignorantes.

Hablar de un mundo globalizado como argumento contra las lenguas minorizadas es, cuanto menos, incongruente. ¿Qué hay más universal y global que una lengua? En sus contaminaciones, en su evolución, en sus cambios y usos, el idioma es siempre un cuerpo abierto a la fecundación. Que el asturianu es global no tiene duda: en Lanzarote comen arvejas como en Grau **arbeyos**,[2] en Medellín los niños llevan **tajalápiz**[3] en el estuche como en los pupitres de Cuideiru.

Frente a unos marcos cada vez más estrechos y limitados necesitamos palabras, entes silábicos que nos hagan algo más sencilla y esperanzada la tarea de pensar un futuro. Más que nunca debemos llamar al pobre **probe**, porque en una ligera variación consonántica se agudiza y se denuncia una falta estructural de recursos mínimos, tropieza la palabra como tropiezan los pueblos que alientan la brecha de clases. Para reflexionar en común necesitamos

1. La globalización nos hizo iguales, / iguales a animales que consumen, / cebados, para dar de comer al matarife.

2. Guisantes.

3. Sacapuntas.

**duldar,**[1] pues esa misma ele que se nos traba en los labios es lo difícil, la inherente complejidad que demanda la vida para ser pensada.

La poeta Raquel Fernández Menéndez demuestra en un poema que las lenguas, de mayor o menor tamaño, con mayor o menor poder, heredan y pertenecen a milenarias conversiones y cruces geográficos:

> **Al mio pueblu llegaron enantes comunidaes ágrafes poles qu'escribo. Por un astrónomu cordobés del sieglu X deprendí la pallabra astrollabiu y supi que la nueche pue tocase colos deos. Foi un soldáu francés quien taba con mio tataragüelu cuando morrió na guerra. Tuvi antepasaos que cambiaron de llingua pa sobrevivir. Pol color del mio piel auguren que nací nos Estaos Xuníos. El mio nome ye'l de munches muyeres xudíes de la Edá Media, pero yo tovía nun fui llamada a la diáspora.**
>
> **Esti cuerpu nun ye namás qu'una sucesión d'otros cuerpos superpuestos nel paisaxe. Hai voces na alborada d'esta casa, nun me van dexar sola.**[2]

1. Dudar.

2. A mi pueblo llegaron en otros tiempos comunidades ágrafas por las que escribo. Por un astrónomo cordobés del siglo X aprendí la palabra astrolabio y supe que la noche puede tocarse con los dedos. Fue un soldado francés quien estaba con mi tatarabuelo cuando murió en la guerra. Tuve antepasados que cambiaron de lengua para sobrevivir. Por el color de mi piel auguran que nací en Estados Unidos. Mi nombre es el de muchas mujeres judías de la Edad Media, pero yo todavía no fui llamada a la diáspora. // Este cuerpo no es más que una sucesión de otros cuerpos superpuestos en el paisaje. Hay voces en el amanecer de esta casa, no me dejarán sola.

Poco tiene que ver la gran conversación de la poesía y sus ancestros con la adecuación de todo territorio, lengua o país a una normas ortográficas de consumo, clases sociales y privilegios. Globalización es leer en asturianu durante el trayecto Ciudad Universitaria-Diego de León de la línea 6 del metro de Madrid, aprender de un astrónomo andalusí igual que de una enciclopedia o una nube. Encontrar en las páginas un mundo tuyo pero en diferentes coordenadas, verte con las palabras de la otredad. Globalización no es extinguir lenguas, arrasar tradiciones o enterrar pueblos. Eso es simplemente tala masiva, expulsar humo cancerígeno allá donde te aposentas. La lengua viene siempre de un lugar de aleación y nace con el anhelo de comunicar. No hay idioma que no busque el entendimiento o la comprensión. La universalidad comienza en una aldea, una parroquia, un conceyu y una lengua propia.

## Tremañes

En la barriada xixonesa de Tremañes nació María Teresa González, poeta y una de las figuras más comprometidas con la normalización del asturianu en los años de la Transición. **Conceyu Bable** agrupó en los barrios asturianos a todas aquellas personas que habían decidido emplear con orgullo y conciencia su lengua propia. María Teresa escribió en uno de sus últimos poemas

**quixi buscate munches veces**
**nel escurecer d'un tiempo**
**perdíu nel maxín,**
**nesi fondu abismu**

**onde naide pue levantar**
**la borrina de los afeutos estraños.**[1]

Para miles de asturianos, la lengua es esa niebla de afectos extraños, una presencia que se intuye pero que no ocupa la vida diaria. Es el hondo abismo de todo cuanto pudo ser, aquello que se pudo hablar pero que, sin embargo, no pasea por la mayoría de las calles ni puertos. Cada vez son más las generaciones que tienen un contacto escolar o académico con la llingua, pero una gran parte de Asturies vive su idioma desde rumores intermitentes, manifestaciones que van saciando lagunas e inmensos páramos de ausencia.

La presencia de estos afectos discurre entre la confusión, el recuerdo latente y el presagio. Al decir una palabra que no cuadra, al pensar en un topónimo el encuentro con las palabras extirpadas se manifiesta. Por esta razón, la poeta Olvido García Valdés, natural de la parroquia de Santianes en el conceyu de Pravia, habla de «una relación insegura» con su lengua de producción poética, el castellano. Olvido vivió su infancia en una lengua no reconocida por sus propios hablantes, en giros y expresiones que incluso ellos concebían como incorrección y no como idioma. Aunque toda su obra está escrita en castellano, ese nacimiento en otras palabras hace a la poeta un ser en tensión con el lenguaje, alguien extranjero en uno y otro idioma. En cierto modo, la poesía es siempre una tensión frente al mundo; mirar, respirar y nombrar desde resquicios poco presentes en la funcionalidad diaria. Así, la **bo-**

1. Quise buscarte muchas veces / en el oscurecer de un tiempo / perdido en la imaginación, / en ese hondo abismo / donde nadie puede escampar / la niebla de los extraños afectos.

**rrina de los afeutos estraños** crece y se expande como una forma de pensamiento.

Otro poeta, Antonio Gamoneda, comparte esta experiencia de tensión lingüística. Aunque desde los dos años vive en León, su origen asturiano y la transmisión de su madre le inclinan a ese remolino de palabras extrañas que, sin estar en los libros ni en los trámites formales de su vida, conformaron un espacio de conciencia poética. Saber que hay otros nombres, otras construcciones de la mirada; no se es poeta sin esa inquietud latente. De esta forma, Marta Mori reflexionaba sobre su lengua: **la mio llingua / ye una llingua estranxera / que dacuando soi a concebir.**[1]

A sus casi noventa años Gamoneda colaboró con el músico Joaquín Pixán en el libro *Un cancioneru asturianu pal sieglu XXI*, una revisión de **les tonaes** o **asturianaes**, composiciones vocales de la tradición oral que siguen constituyendo parte fundamental del folclore asturiano. Gamoneda cuenta cómo desanduvo el camino de su lengua actual, el castellano, para encontrar las voces originarias de aquella otra habla que inauguró su relación con el mundo. En una de las composiciones, Gamoneda acertó a escribir: **madre, soñaba yo, madre / enantes del día, / que despertaba la rosa, / que la rosa nun dormía.**[2]

La rosa de Vicent Andrés Estellés, aquella misma rosa de papel, rebrota entre la bruma indefinida de todo aquello que, no siendo, pide despertar.

1. Mi lengua / es una lengua extranjera / que de vez en cuando puedo concebir.

2. Madre, soñaba yo, madre / antes del día, / que despertaba la rosa, / que la rosa no dormía.

Escríbote, asturianu, esta última carta sabiendo que son cientos las palabras que aún no sé, decenas las poetas que desconozco y **milenta**[1] los poemas que leeré cuando acabe esta correspondencia. Escríbote sabiendo que mi relación con tu cuerpo disperso, variable, cambiante– es la de un amante torpe que aprovechó la oscuridad y los piornos para descubrirte. No poseo más que una intensa vocación, te contemplo como los que acuden a las estaciones para ver marchar trenes. En ese lugar, el cuerpo amante está iluminado como una súbita presencia, encarna la intensidad de cualquier poema o deseo.

Ináciu Galán es una de las personas más comprometidas e incansables en la defensa de la lengua asturiana y en todo aquello que reporta, genera o guarda belleza. Ahora que cierro esta correspondencia, pienso en sus versos: **fales de tornar a aquel lugar / nel que sabes que nunca tuvisti / nin tarás; / magar que suañes la vivencia.**[2] Siento que así me acerco a ti, pero intuyo que en un mundo cada vez más acotado el verdadero error no es imaginar y empatizar, por muy desacertada que sea la aproximación.

Adentrarse en una lengua no dominada te coloca en una situación migrante. No tienes los papeles en regla al intentar leer, decir o escribir aquello que no te ha sido dado de nacimiento. Gracias a esa debilidad, la poesía crea otros mundos posibles. Con la sensación de foráneo de repente sucede el error, la falta de entendimiento, la ampliación de la sensibilidad. Si no se puede comprender todo,

1. Muchos.
2. Hablas de volver a aquel lugar / en el que sabes que nunca estuviste / ni estarás; / aunque sueñes la vivencia.

habrá que sentirlo. Así, encontré unos versos de Esther Prieto que me proporcionaron un fértil desliz. La poeta escribe: **caltengo nel envés de la memoria caminos / y caleyes de champán y d'escuela: imprecisa / cartografía del venciú.**[1] No tardó en asaltarme ese **champán** que desconocía y al que solo le encontraba posibilidades alegóricas. Pensaba que se podría referir al champán que importa Asturies a través de la industria sidrera, un bien preciado que en los mapas de la niña era objeto de trabajo y esfuerzos. El envés del lujo hecho tránsitos a la escuela en un entorno campesino. La cosa era mucho más sencilla: **champán**, en asturianu, significa 'charco'. Cuando desconoces la traducción exacta activas la traducción sensible, más interesante que la propia literalidad.

Ojalá muchas más veces las lenguas consigan hacernos ver champán en los lodazales. Ojalá oír a los idiomas como leviatanes cargados de pretérito y, al mismo tiempo, semillas anunciadoras de otro decir. **Construir** –escribe María García Díaz– **ye remover / algamar lo nuevo ye levantar l'agua / y semar neñufares nel fríu.**[2]

Escríbote, asturianu, anido en tus nenúfares y beso con bla y con ble todos tus labios.

1. Guardo en el envés de la memoria caminos / y callejas de charcos y de escuela: imprecisa / cartografía del vencido.

2. Construir es remover / alcanzar lo nuevo es arar el agua / y sembrar nenúfares en el frío.

# QUERÍU ESTREMEÑU

Valverdi du Fresnu

En el barrio madrileño de Las Águilas, junto a Aluche y el solar de la antigua Cárcel de Carabanchel, las calles no nombran en balde. El vecindario se pronuncia con pueblos extremeños como Mirabel, Jarandilla, Oliva de Plasencia o Aldeanueva de la Vera. Gran parte de las periferias madrileñas poseen sus orígenes en el éxodo –rural y político– que tuvo como epicentros Andalucía, La Mancha o Extremadura. En este último caso, la variedad lingüística es rica y compleja, sembrada entre sierras y dehesas que son producto de la mano agrícola. El paisaje de encinas, granito y prados no es una condición inherente del territorio; es el resultado de milenios plantando, talando o achatando encinas para generar ese ecosistema. Del mismo modo, la situación lingüística de cualquier territorio no se da por inercia; se fomenta, destruye o achica según la agricultura de las palabras.

En el **entrueju jurdanu**,[1] una celebración pagana que mantienen los vecinos de las Hurdis, hay una figura que em-

1. Carnaval hurdano.

pieza la celebración: el **zahuril**. Todas estas palabras crecen de un sustrato leonés, interferencias del portugués, usos históricos que evolucionaron debido al aislamiento y la falta ominosa de interés por estas tierras. A ciegas por el idioma, diría que el **zahuril** tiene algo que ver con el zahorí, esa figura que encuentra agua en los estíos más secos. Este personaje –cubierto de flores y con un bastón– inaugura la primavera en la fiesta popular. A poco que indaguemos los manantiales del habla, encontramos en Extremadura una fértil variedad lingüística: portugués en la Raya (zona fronteriza con el país luso), jurdanu en Las Hurdis (variedad del estremeñu de origen asturleonés que también pervive al sur de Salamanca), usos dialectales en todo el territorio o **a fala**, idioma de ascendencia galega que mantienen los pueblos cacereños de Sa Martín de Trevellu, Valverdi du Fresnu y As Ellas.

Imitando a nuestras vidas –plagadas de ascensores sociales, trayectorias y aglutinación de méritos– nos agrada poner a las lenguas en la misma tesitura: qué es idioma, qué es habla, qué es dialecto. Todo el mundo participa de ese fetiche, pero son pocos los que se quedan a escuchar, leer o admirar las presencias. A mí, que tengo una lengua que se llama 'lengua', me es algo indiferente esta categoría en términos de prestigio o valor mercantil. Encuentro más interés en su poética, la construcción metafórica de un mundo y su transmisión indisoluble. El traductor Aníbal Martín, autor del libro *Yo hablo, ellas cantorin*, relata ese atractivo que acaba tan pronto como se destrona a unas palabras de la condición de lengua y del irracional rechazo que pueden portar unas cuantas sílabas:

> No encontraba razón alguna para que palabras como **coratu, trastorniju, chapallu, tarma, juicis, capaceta, cha-**

**raís, algiva, remual-si, çachu/sachu, pitera, cogüelmu, violeru, cocu de lus o destrala**[1] no pudieran pronunciarse, escribirse o estudiarse en clase. ¿Cómo podía nadie sentirse afrentado por ellas?, ¿a quién le hacían daño?

Aníbal es de La Güetri, pueblo hurdano donde se mantiene hoy con la mayor vitalidad posible un patrimonio lingüístico que no puede ser considerado como castellano mal hablado. Si a mí, getafense, me preguntaran qué es una **sabarrija**,[2] no sabría responder. Paseando las calles herederas de huellas extremeñas, emigradas a las mismas fábricas y carpinterías que mis abuelos, entiendo bien el daño que supone perder o autoimponerse un desprecio por tus palabras. Desprecio que muchas veces ha continuado tejiendo su dolor hacia la represión política, civil y económica. No es casualidad que solo en San Benito de Olivenza –una pequeña pedanía rayana– el franquismo asesinase a veintisiete personas, entre ellas, un matrimonio de cómicos. Tampoco que en Castuera –pueblo donde el escritor Luis Chamizo inauguró la palabra **castúo** para referirse al idioma de los labradores que hoy alude a la variedad lingüística de Extremadura– se erigiese uno de los campos de concentración más grandes de todo el Estado: los castigos siempre van de la mano.

La literatura que han cultivado estos idiomas se suele caricaturizar como folclorista e irrelevante. Virginia Woolf

1. Desnudo, estornudo o dolor de barriga, charco, támara, palos que se colocan en las colmenas para sujetar los panales, capacho, alberca, encía, ponerse ropa limpia, sacho, herida, cantidad que sobresale por encima del recipiente que la contiene, mosquito, luciérnaga, hacha pequeña.

2. Herida profunda.

en *Una habitación propia* reflexionaba sobre la redundante pregunta de por qué –si las mujeres escriben igual que los hombres– no hay un Shakespeare femenino. La escritora inglesa contestaba de forma muy simple: no ha habido una escritora como Shakespeare porque las mujeres han tenido históricamente menos derechos y oportunidades. Con las lenguas pasa algo similar: es incoherente pedirle a una lengua marginada y censurada que tenga la misma literatura que otra con imperio, banca y ejército. El castellano ha contado con academia, norma y privilegio de imposición desde la Edad Media; mientras, lenguas como el estremeñu han padecido una represión continua. Es normal que sus vías de expresión literaria diverjan entre sí. Para haber visto Góngoras y Cervantes en estremeñu, habría que haberle dado a Extremadura el poder y la riqueza que retuvo el resto de la Corona de Castilla. La literatura y sus procesos creadores son dependientes de las condiciones materiales. No es lo mismo enfrentarse a una ortografía y una normalización lingüística mientras escribes en tu idioma que tener una lengua asentada en instituciones. Habría que valorar las literaturas de las lenguas más minorizadas por su calidad artística y su no menos admirable tenacidad por existir.

En la sierra de Gata **a fala** está en los carteles de mercado, las conversaciones de teléfono y el dominó que se juega en la plaza. También se la conoce como **fala de xálima, xalimés, xalimegu, mañegu, a fala d'acá, a nosa fala** o **chapurráu** en Valverdi du Fresnu. En esa localidad, el idioma tuvo una escritora fundamental a comienzos del siglo XX, Isabel López Lajas. Quien cuida la lengua no está nunca exenta de cuidar una tierra, unas vecinas o un lugar. Isabel López Lajas ayudó a la alfabetización de niñas y niños a través de una escuela popular y gratuita, montó una compañía de teatro y trajo por primera vez el cine a esa porción de mundo. López Lajas escribió *Seis sainetes valverdianos* en fala, demostrando que era una lengua viva, cargada de significaciones y potencia. Estar privado de algo deviene en **capá de cualquer coisa,**[1] lo que podría ser un simple «¡vete de aquí!» es un **vaiti a mandal chovel, que fai falta d'agua**[2] y la asunción de la pobreza es absoluta: **us probis, estandu limpus estamos ben.**[3]

La autora ya avisaba de una noción engañosa de finura: **agó ia n'u nosu lugal se fala máis finu, se visti máis finu e se bebi café.**[4] Finura no es solo adecuarse y podar tus raíces a la moda de una capital, un centro o una estructura urbana. Finura es saber llamar a las plantas por su nombre, acertar al definir la nube que pasa o encontrar esa palabra que dice en plenitud a la acequia, el humedal o la espiga. Afinar con el lenguaje –más allá de títulos nobiliarios de lengua, dialecto o habla– es el mayor de los refinamientos.

1. Capada de cualquier cosa.
2. Vete a mandar lluvia, que hace falta agua.
3. Los pobres, estando limpios, estamos bien.
4. Ahora ya en nuestro pueblo se habla más fino, se viste más fino y se bebe café.

## Madril

Fueron endechas, cantos populares y oraciones. También generaciones de hablantes a lo largo de distintos reinos, villas marineras, valles. Un tiempo alejado parcialmente de las escribanías que no renunciaba a la literatura, sino que la expandía entre su pueblo. Después de miles de años de existencia, el euskera llegó a la historia del libro de la mano de Bernat Etxepare, religioso de **Iparralde**[1] que publicó en 1545 *Linguae Vasconum Primitiae*. El título salió de las imprentas de Burdeos, inaugurando con ese gesto una indisoluble relación entre el euskera y sus múltiples migraciones. En las primeras páginas, Etxepare proclama: **Euskara, jalgi hadi plazara.**[2] No es descabellado vincular esta expresión con el verbo **plazaratu**, que define la necesidad de ocupar la plaza, el ímpetu de las lenguas por hacerse públicas y gritadas.

El euskera lleva saliendo a la plaza desde que Etxepare

1. País Vasco francés. En euskera significa 'norte'.
2. Euskera, sal a la plaza.

escribió la hermosa consigna de la alegría en el pequeño pueblo de Eihelarre, donde era párroco. A veces ha salido en forma de canto, de mercado o de fuente de la que mana agua. Muchas otras lo ha hecho con la cabeza rapada, envenenado de aceite de ricino o ridiculizado como lengua rural. Tras décadas sin ocupar más plaza que la de las conciencias, en los años setenta se fundó la AEK (**Alfabetatze Euskalduntze Koordinakundea**)[1] con la voluntad de levantar un idioma soterrado por el régimen franquista y el gobierno francés en todos los territorios euskaldunes. En 1980 nació la Korrika, carrera que recorre Euskal Herria desde Iparralde al sur de Nafarroa pasando por toda la Comunidad Autónoma Vasca. De noche, entre montes nevados, cruzando ciudades y puertos se lleva a pie el testigo de la lengua. La necesidad de salir a la plaza pasaba por correr, llegar a los lugares más recónditos, también por trasgredir las fronteras del país del euskera: hoy, la Korrika se celebra en Sídney, Nueva York, París, Tokio o Johannesburgo. También se celebra en Madrid, aunque las dos últimas ediciones fueron prohibidas por el ayuntamiento. Al contrario que el resto del mundo, las instituciones madrileñas parecen ver como un peligro correr a favor de una lengua minorizada de un millón de hablantes, si bien la carrera no congrega a más –tampoco menos– de un centenar de personas.

Si al euskera no lo ha detenido su conflictiva distribución territorial entre dos Estados y varias provincias, la prohibición y la censura, las dictaduras o la globalización, tampoco lo iba a hacer un ayuntamiento sectario. Acudí a la Korrika Txulapoa (ese es su nombre castizo) que se corrió igualmente en marzo de 2024. Desde la Universi-

1. Coordinadora de Euskaldunización y Alfabetización.

dad Complutense a Sol, varias decenas de personas íbamos gritando lemas como **Madrilen ere euskararen alde**[1] o **guk euskaraz, zuk zergatik ez?**,[2] verso del poeta bilbaíno Gabriel Aresti cantado por el cantautor Urko en los setenta. La convocatoria estaba llena de carritos, bicicletas y camisetas de la Real Sociedad; casi la mitad de la Korrika éramos **erdaldunak**, es decir, hablantes de otras lenguas que no son el euskera. Al bajar la calle Fuencarral, cruzar Gran Vía o llegar a Sol, algunas gritaban con la alegría de reivindicar su lengua, otros lo hacíamos acogidos por un idioma que, aun no siendo hablado, puede ser defendido. Muchos paseantes y turistas aplaudían. Una señora que nos animaba le decía a su amiga: «No sé de qué serán estos, pero mira qué contentos van». Cuando la lengua son cuerpos y ternura es imposible oponerse a su existencia: salir a la plaza con una sonrisa es siempre motivo de txaranga. Después de la Korrika llegaron las tabernas y los kalimotxos. De forma intuitiva, los vascos del grupo iban construyendo en el barrio de Lavapiés una pequeña Euskal Herria donde crecía la amistad. En una taberna, un hombre me miró muy serio y gritó: **Gora Getafe!**[3]

Se dice que el euskera es una lengua aislada, fósil verbal a uno y otro lado de los Pirineos. Son ciertas las peculiaridades y su historia, pero una lengua que grita **gora Getafe!** y pregunta a las señoras que almuerzan en la calle de San Bernardo **zuek zergatik ez?**[4] no puede ser nunca considerada un idioma hermético o cerrado. Las puertas

1. También en Madrid a favor del euskera.
2. Nosotros en euskera, ¿tú por qué no?
3. ¡Viva Getafe!
4. ¿Vosotras por qué no?

del euskera están abiertas para quien quiera atravesarlas. A mis oídos romances, el verbo **desiratu**[1] me lleva a pensar en 'decir ya tú'. El deseo como una unión entre el que anhela y, por tanto, habla. Deseo decir y acompañar una lengua que al trabajo le llama 'camino del pan' u **ogibidea**, una lengua que desde mi error de estudiante permite lecturas apócrifas y potentes. Tan solo he estudiado euskera un curso en la universidad y unas pocas semanas en la **Euskal Etxea**[2] de Madrid. Desde ese abordaje inconcluso y limitado, pienso que si **lan** quiere decir 'oficio', la niebla o **lanbroa** conlleva en su nombre la labor de ser bruma, permear de forma gaseosa y ligera la vivencia del prójimo.

La poeta Izaskun Gracia Quintana escribe: **munduak sortzen ditut nire gabezien neurrian.**[3] Del mismo modo, el euskera se ha conformado sorteando innumerables trabas: la normalización tardía, la intensa labor del francés y el castellano por destituir su uso en los siglos XIX y XX, un registro unificado o **euskara batua** que congregó en los sesenta los distintos dialectos... Una lengua y un pueblo cercenado saben que necesitan cuerpo, asociar su existencia al sujeto físico y palpable. Por ejemplo, **hamaika** en euskera significa tanto 'once' como 'muchos'. Así, **hamaika triku** son tanto 'once erizos' como 'muchos erizos'. Algunos filólogos piensan que esta polisemia reside en los dedos de la mano: en el euskera primitivo, cuando se acababa la mano con que contar, se pasaba a una cantidad indeterminada, abundante. Cuando se acaba la mano, llega lo múltiple.

1. Desear.
2. Casa Vasca.
3. Creo mundos a la medida de mis carencias.

El euskera mantiene un difícil equilibrio entre el contacto y la diglosia con las lenguas dominantes del entorno. La lengua vasca, sobra decirlo, no está en igualdad de condiciones con el francés y el castellano en Euskal Herria: encender la televisión o comprar el periódico lo hace evidente. Sin embargo, el euskera nunca se cierra, tampoco se anquilosa en formas desfasadas. Como cualquier idioma, comunica, tan sencillo como eso. La poeta y ensayista Arantxa Urretabizkaia escribió: **tradizioa izan daiteke inspirazio-iturria, baina ez bizilekua eta, inola ere ez, espetxea.**[1] La tradición y la conservación no funcionan cuando se encierran o encadenan a algo tan vivo como las palabras. Una patata en Iruña será una **patata** pero en Ahetze o Busturia será **lursagar**[2] e incluso **pumaterra** en Altzai. Que una lengua sea minoritaria no abole el crisol de patatas que pueden poblar las huertas, todo lo contrario. El euskera posee una forma plural de cercanía, es decir, un plural en el que el hablante se siente parte emotiva del común. Al decir **lagunok** decimos algo más que 'amigos', se eleva el afecto y la pertenencia. Ese mismo **-ok** que genera el plural de cercanía, en un sutil viaje a **-ko**, es también el encargado de expresar el futuro en los verbos. La conexión está clara: el futuro de los nosotros, de las identidades colectivas, pasa por la pluralidad.

Aunque el euskera no posea género masculino o femenino, sus formas de clasificar no son menos específicas, más bien al revés: la lengua vasca dice con muchas palabras y dialectos. «Nosotros», ese pronombre en ocasiones tan

1. La tradición puede ser fuente de inspiración, pero nunca morada y, mucho menos, cárcel.

2. Literalmente 'manzana de la tierra', como en francés *pomme de terre*.

unitario y monolítico, se escribe en el euskera estándar **gara**. Ahora bien, en **gipuzkera**[1] diríamos **gera**, en **nafar-lapurtera**[2] se pronunciaría **gare** y en **zuberera**[3] seríamos **gira**. Las formas de ser un nosotros son tan heterogéneas como efectivas: se puede ser comunidad en todos los giros y pronunciaciones. Incluso la propia lengua posee cantidad de nombres: en estándar **euskara**, para las vecinas de Abaurregaina **uskara**, para los jabalíes de Aldude **eskuara**, para las vacas de Larraine **üzka**, para las piedras de Arbizu **auskera**, para las cigüeñas en Asteasu **euskea**, para las fábricas de Eibar **euskeria**, para el río de Ezkurra **euskaa**.

A ti, lengua de tantos nombres, pequeña multitud de belleza, te escribo desde un plural que en futuro y presente me acoge.

San Miguel Nepantla, Tepetlixpa

Antes de 1545, el euskera tuvo diminutas manifestaciones en documentos legislativos, inscripciones o papeles eclesiásticos. Su primera aparición en imprenta fue en 1513 en la ciudad de Roma. Se publicaba una comedia –*Tinelaria*– que contenía una escena curiosa. En una cocina, con revuelo, se entremezclaba un barullo de lenguas donde aparecía el euskera. Las palabras impresas, dos, son sencillas: **bay, fedea.**[4]

En su escasez, ese hito deja dos latidos: afirmación y esperanza. El euskera es una lengua que se ha afirmado

1. Dialecto central, usado en Gipuzkoa y Nafarroa.
2. Dialecto navarro-labortano.
3. Dialecto suletino.
4. Sí, la fe.

durante milenios con la esperanza de proseguir un largo camino. Mi esperanza como español y como hablante de castellano es la misma: anhelo con fe laica el día en que mi país no establezca relaciones bélicas con una lengua ni con una identidad. No es una esperanza nada particular, tampoco una idea extraordinaria; al observar con algo de atención la historia, descubres una larga genealogía de optimistas afirmadores de la pluralidad.

Los personajes más españolísimos, aquellos que incluso han llegado a ocupar pesetas y monedas de euro, son los primeros en desmontar esa fobia irracional hacia el euskera. Las crónicas de Carlos I dicen que el emperador gustaba mucho de hablar el idioma, así recogen una conversación mantenida entre el monarca y un arriero de Nafarroa:

> **–Mandazaya, nondic zatoz?**
> **–Nafarroatic.**
> **–Nafarroan gari asco?**
> **–Bai, jauna, asco.**
> **–Nafarroan gari asco; batere, batere ez neretaco.**[1]

La conversación no es gran cosa. El arriero –seguramente cargado hasta las orejas– tampoco parece dar mucho juego a la cháchara. La anécdota es mucho más pionera que la postura del actual jefe del Estado, cuyo uso de las lenguas se limita a felicitar las navidades y decorar algún discurso. Medio milenio de avances después, es sorprendente ver una esquilmación cultural tan manifiesta

1. –Arriero, ¿de dónde venís? / –De Navarra. / –¿En Navarra hay mucho trigo? / –Sí, señor, mucho. / –En Navarra mucho trigo, pero nada para mí.

entre las élites del Estado. Lope de Vega escribe en 1620 una carta a su hijo narrándole con absoluta normalidad y picaresca un suceso en Alcalá de Henares. Cuenta Lope que un catedrático de griego fue visitado por señores de la corte pidiéndole que les hablase en la lengua de Homero. El catedrático, desprevenido, empezó a hablar euskera, su lengua materna. El truco funcionó hasta que un secretario de la corte, gipuzkoano, rompió el hechizo. Cervantes también fue claro en el capítulo XVI de *El Quijote*, donde pedía «que no se desestimase el poeta alemán porque escribe en su lengua, ni el castellano, ni aun el vizcaíno, que escribe en la suya».

Ni Lope, ni Cervantes, ni Carlos I eran abertzales. Su ejemplo, más o menos exento de conciencia, demuestra lo normal, lo lógico, lo inevitable que es respetar y relacionarse con otra lengua.

Mi heterodoxia favorita es la de Juana Inés de Asbaje Ramírez de Santillana, a veces llamada Juana Inés de la Cruz. La poeta y filósofa a menudo es leída como un icono de la hispanidad católica, si bien su hispanidad pasaba por aprender náhuatl y sentirse orgullosa de la lengua de sus abuelos, el euskera. Reconoció el idioma como base anímica de su identidad y escribió estos versos cargados de significación:

> **Galdu naiz**, ay que se va, / **nere bizi guziko galdu naiz!** / Aquí en Vizcaya te quedas, / no te vas, **nere bihotza:** / y si te vas, vamos todos. / **Bagoaz!** // **Galdu naiz**, ay que se va, / **nere bizi guziko galdu naiz!**[1]

1. Me he perdido, ay que se va, / ¡me he perdido para toda mi vida! / Aquí en Vizcaya te quedas, / no te vas, mi corazón: / y si te

Castellano y euskera de nuevo imbricados, aliados en una necesidad tan básica y humana como la expresión. Aunque este poema está dedicado a la Virgen de Arantzazu, Juana Inés parece estar pidiendo el retorno de esa fe laica en la palabra y una vuelta colectiva a algo tan básico como el interés y el respeto. La escritora mexicana siempre supo dar respuestas certeras. En un texto sobre las capacidades de la mujer para escribir, dijo: «si Aristóteles hubiera guisado, mucho más hubiera escrito». Esa misma situación de fogones debería apelar a un españolismo que ha olvidado el **bay, fedea** y la larga genealogía de aprecio escondida bajo clichés y fobias baratas. Si el españolismo estimase la tierra que reclama, una lengua nunca sería un conflicto, mucho menos un enemigo.

## Tolosa

Desde una prisión, el poeta Joseba Sarrionandia escribió: **euskara da gure territorio libre bakarra.**[1] Si hay una patria que encarna libertad es la patria del lenguaje, tanto para el hablante nativo como para el oyente gozoso, la aprendiz tanteadora, el desconocedor asombrado. Para muchas generaciones, el euskera ha representado una parcela de libertad entre sistemas políticos, naciones y estructuras económicas. La lengua siempre ha sido un territorio libre indisoluble de las ganas de hablar y de los mutismos forzosos. El euskera conoce a la perfección este verso de la poeta Tere Irastortza: **barrurago, hondoan /**

---

vas, vamos todos. / ¡Nos vamos! // Me he perdido, ay que se va, / ¡me he perdido para toda mi vida!

1. El euskera es nuestro único territorio libre.

**ez baitira ametsak kamusten.**[1] En un camino sisífico, el idioma ha mantenido su vitalidad y su potencia a lo largo de los tiempos, sabiendo que la intimidad que promulga poco o nada tiene que ver con el hermetismo o la individualidad: en ocasiones, el idioma es la voz íntima de todo un pueblo.

Son muchas las tropelías que podemos encontrar contra la normalización del euskera. Ya en el siglo XIV una ordenanza en Uesca prohibía su uso en el mercado público, mientras que en Iparralde no se legalizó su enseñanza hasta 1981. Una etimología dudosa pero emocionante dice que corazón en euskera, **bihotza**, está formado por las palabras **bi** y **hotsa**: 'dos sonidos'. El corazón del idioma es un territorio libre porque emplea dos voces, asume que la libertad consiste en hermosas dependencias que nunca son unitarias. Para que el corazón lata se precisan sístole y diástole trabajando en coro, pasado y futuro bombeando una misma necesidad. Entender que la lengua, como el corazón, son proyectos colectivos de la existencia. La palabra, como siempre, revela el pensamiento: mientras que **oinordea**[2] contiene la palabra **oina**,[3] **belaunaldi**[4] es indisoluble de **belaun.**[5] Herencias que contienen pies, generaciones que conectan y flexionan con la firmeza de una rodilla. El euskera ha resistido en su singularidad por esos motores corporales que fundan el porvenir, piernas empleadas en la transmisión que siempre han sabido hacia

1. Porque en la intimidad, en lo profundo, / los sueños no se achatan.
2. Heredero, heredera.
3. Pie.
4. Generación.
5. Rodilla.

dónde andar. Al hablar de la destrucción de libros, la escritora Katixa Agirre encuentra una idea irrebatible: **liburua suntsitzen duenak badaki hori: ideia, memoria eta identitatea ezabatzearekin batera, balizko etorkizun hori ere ezabatu nahi du.**[1] Quien destruye una lengua lo hace –consciente o inconscientemente– por miedo a lo contrario y un mayor pavor a su futuro. No basta con callar la voz pedestre del pasado, el miedo busca también consumir los sueños libres del futuro.

Ante esta obscena demostración de identidades insaciables de victoria, ¿cómo ha resistido el territorio libre de la lengua? Tal vez gracias a dos cosas: la estima y el humor.

El euskera fue capaz de desviar un verbo latino como *fricare* –que en castellano resultó 'fregar'– y convertirlo en algo radicalmente opuesto: **fereka.**[2] El amor ganó un pulso semántico a la acción que ha puesto de rodillas a tantas mujeres en la historia. 'Fregar' puede ser 'acariciar' con la lengua y la sensibilidad oportuna. Imagino a mis abuelas y sus madres fregando casas de señores, conventos, casas propias o tumbas y agradezco al euskera esa inversión total de lógicas, esa ventana abierta para que las amas de casa sean quienes amen y no limpien.

Además, el humor: caja de resistencia global contra la estrechez de pensamiento. Como el chiste que guardaba mi bisabuelo en Villaverde, el euskera ha mantenido su vitalidad en los pliegues de la risa. El primer alcalde democrático de Tolosa desde la Segunda República, Iñaki Linazasoro, relató una historia particular que refleja esa libertad del ingenio. José Araquistain, industrial panade-

1. Quien destruye el libro lo sabe: con la eliminación de la idea, la memoria y la identidad, quiere borrar también ese posible futuro.

2. Caricia.

ro irunés, abrió una cafetería cercana al mercado de abastos llamada **JAI**, en euskera 'fiesta'. Las autoridades franquistas quisieron censurar el nombre al estar escrito en euskera, a lo que el panadero contestó: «¡Cómo fiesta! Son mis iniciales: José Araquistain, Irún». Gracias a la fiesta de la inteligencia y la perseverancia se alcanza la libertad. Caricias, rodillas flexionadas, pies dispuestos y celebración. El territorio más onírico serán siempre las palabras y su admirable empeño por construir los mimbres de la vida.

## Añana

A la orilla de la ría bilbaína, Gabriel Aresti proclamó que **euskara ura bezalakoa da.**[1] En un país atravesado por los ríos y con la inmensidad cantábrica a la vuelta de la esquina, el símil acuífero es más que razonable. En tiempos de sequía global y lucha por el agua, en medio de pantanos donde especulan las eléctricas y grifos que se vacían cada vez con más frecuencia, un idioma acuoso es símbolo de porvenir. La sintaxis del euskera demuestra esa condición fluida donde las palabras, ateridas a sufijos muy variados, pueden ir transitando el orden haciendo cabriolas como las gargantas o los saltos fluviales. Tampoco es casualidad que «agua» y «cerca» sean homónimas en euskera: **ur** y **hur** hacen de lo líquido algo cercano, también emparentado con el futuro a través de dos palabras casi idénticas: **garoa**[2] y **geroa.**[3] Incluso en los

1. El euskera es como el agua.
2. Rocío.
3. Futuro.

ámbitos más íntimos, lengua y agua se dan la mano. Un «cotilleo» podría decirse en euskera **errekako esamesak**, literalmente 'habladurías del arroyo'. Al secreto de la lengua y el agua se añade la humildad de las lavanderas, mujeres anónimas que mantienen la existencia líquida del idioma.

Las sequías son cada vez más devastadoras y amplias. Van de los embalses a los patios de colegio, a los frontones donde la lengua también se agosta de forma crónica. Sin embargo, ante toda situación de acabamiento, de peligrosos y abruptos finales, surge una sed polisémica en castellano. ¡Sed!: la desecación y el imperativo del verbo ser. Lo que nos falta es el germen de lo que reivindicamos, lo que se busca con afán como en estos versos del poeta Juan Kruz Igerabide: **Pikotxaz eta palaz zuloa egin behar da, / non edo han osinik edo ur poxirik / geratu den ikusteko.**[1] En el rastreo del agua está también el rastreo de la lengua, sus menguas y sus huellas. En cualquier pueblo de La Rioja, Uesca o Cantabria se perciben decenas de topónimos de origen vasco como marcas de una presa vaciada. Los vestigios de esa lluvia llegan también a Catalunya, donde la Val d'Aran viene del euskera **haran.**[2] La errancia de las riadas ha dejado, diseminadas en la costa canadiense de Terranova, toda una ristra de topónimos vascos tamizados por la presencia francesa: Port au Choix viene de **portutxoa**, 'puerto pequeño', o Ingornachoix de **aungura txarra**, 'mal anclaje'. Vislumbrar estos nombres a miles de kilómetros se asemeja a toparse con antiguos mares o lagunas secas.

1. Es preciso cavar con pico y pala / para comprobar si quedan restos de / charcos o de humedad por algún lado.

2. Valle.

La extracción intensiva del idioma aguado se ejerció de forma feroz en Euskal Herria. Después de la dictadura, solo un 4 % de la población de la provincia de Araba usaba el euskera. Cuatro décadas de escuela pública y política lingüística han conseguido que un tercio de la población lo emplee como lengua vehicular y más de la mitad de la ciudadanía lo entienda. Uno de los pueblos que colman poco a poco su sed es Añana, a escasos veinte kilómetros de la frontera con Burgos. Desde hace siete mil años, sus vecinas y vecinos tienen también una relación muy profunda con el agua y su desaparición. Como sábanas tendidas se extiende el **Gatz Harana,**[1] una de las mayores salinas de interior de la Península. A base de disecar el agua en pequeñas parcelas, este pueblo encontraba un sustento tan valioso como la sal, que en euskera tampoco queda tan lejos de la juventud: **gazte** y **gatz** se unen en esas formas de sobrevenir líquidamente las condiciones de la geografía. Si la sal era un tesoro, los hablantes jóvenes de euskera son también el mayor patrimonio del idioma, su futuro acuoso.

Acoger las lluvias implica abrazarlas de forma total: llueve sobre los prados y sobre la ropa, llueve en las marismas como en los cementerios. El agua posee una condición que no es sólida, ese es el motivo de su expansión y su docilidad. Con el euskera ocurre algo similar. No puede demandar pulcritud ni purismo, la lluvia se ansía pero difícilmente se controla. Hoy en día, la palabra **urdin** significa 'azul' o 'blanco', 'gris' para referirse a rasgos físicos. En época medieval, **urdin** era 'verde'. El mismo color señalaba al roble, las canas, el arándano o la oveja. Con esa misma polisemia, con esa idéntica aproximación a lo cro-

1. Valle de la Sal.

mático, todo hablante y toda palabra es bienvenida en una lengua de agua. Tras el franquismo, una canción popular decía **hau da gure euskara garbia**,[1] pues la pulcritud debía construirse desde unas coordenadas completamente desoladas. Tiempo después, es preferible abogar por la pulcritud que pide la escritora alavesa Karmele Jaio: **Nahiko nituzke hitzak / arrautza-irinetan pasatu gabe**.[2] Un ánimo de limpieza puede devenir en un elitismo que encierre el agua en lujosas piscinas domésticas. Por contra, las palabras que llevan la frescura de un regato deben atenerse a no estar rebozadas, escapar de un manoseo grasiento que se hace bola en los labios de quien pronuncia.

Una lengua líquida mirará siempre con sorna a quien intenta desecar el paisaje. La lengua que fluye tiene la potencia de transportar, conectar y derribar contenciones. El euskera es, como en un verso de Tere Irastortza, **bere erroak itsu itsuan defenditzen dituena / ibaiak zainak direneko lurraldean**.[3]

### Martinez Izkierdo kalea

Desde hace dos años ejerzo una trashumancia de hermosos desequilibrios entre Getafe y Madrid. Comparto piso con mi mejor amiga cerca de Las Ventas en una de las viviendas que albergaron tras la posguerra a trabajadores. Hoy se inscriben en el distrito de Salamanca, el barrio (de forma excepcional lo llamaría el *village*, en inglés y

1. Este es nuestro euskera limpio.
2. Quisiera palabras sin rebozar en harina y huevo.
3. Defensor ciego de sus raíces, / en el territorio donde los ríos son nervios.

con cursiva) es uno de los mayores centros de caceroladas cañís y manifestaciones de indignados con rosarios que vuelven en transporte privado a casa. Es allí donde habitamos de forma extraña, que es la mejor manera de afrontar la vivencia. Para ir a la universidad cogemos todos los días el metro en Diego de León, subiendo en penitencia las legañas por la calle Martínez Izquierdo. Un día, más dormido que de costumbre, arrastraba los pies mirando al suelo hasta que me fijé en los pivotes de hierro fundido que acompañan la acera. Todos ellos, colocados seguramente a comienzos del siglo XX, llevaban la inscripción de una fundición vasca. En el corazón del centralismo más burgués, los pivotes de la calle Martínez Izquierdo enuncian: **aurrera!**[1]

Las lenguas tienen una capacidad única para brotar en los espacios más hostiles, especialmente aquellas que han vivido escondidas en los montes o las fronteras. No sé si a la vecindad del barrio le parecerá igual, pero para mí fue un encuentro inesperado y potente. Como cruzar miradas en el autobús o tropezar con la caracola que el mar arroja en el momento en que tú, descalzo, paseas la orilla. La literatura también acostumbra a dar estas alegrías, repentinamente palabras ajenas e incomprensibles para tu oído románico te nombran y te señalan. Al abrir un libro de la escritora Uxue Apaolaza en el jardín de la universidad me topé con el inicio de un cuento: **Madrilgo zerua eskuzabal esnatu zen, urdin-urdin, eguzki ederraz.**[2] Entonces miré al cielo, sonreí, y volví a esa lejanía que me estaba hablando de tú a tú. Que algo sea extraño

1. ¡Adelante!

2. El cielo de Madrid amaneció generoso, de un azul intenso, con un sol espléndido.

no implica que se deba menospreciar o que se desentienda de nuestra forma de transitar las calles. Lo ajeno te alimenta con claves desconocidas, la escritora Itziar Ugarte escribe en un poema llamado «Madrilgo metroan»:[1] **beste ezezen gainetik / arrotz sentitze hau / eskertzen diot / hiriari.**[2] Agradezco a las lenguas, a la inmensa mayoría de las lenguas que no domino, que me hagan sentir extraño, que nos libren de esa carga impuesta de siempre dominar, constantemente poseer.

Algo más lejos de Martínez Izquierdo, en Nueva Delhi, conocí a la poeta navarra Castillo Suarez. Me regaló varios de sus libros, donde encontré luciérnagas que avalaban esta visión enamorada de lo extraño. De entre todos sus poemas, guardo con aprecio estos dos versos:

> **Gure hitzek jabe berriak dituztenean direla gureago.**[3]
>
> **Gure hitzek lekukoak behar dituzte, / gure galderak entzungo dituztenak, / gure eskaerak, / gure damuak ere bai.**[4]

El camino, pues, resulta recíproco. Como en la calle Martínez Izquierdo, se cruzan dos aceras y múltiples direcciones; para el euskera, a quien yo le soy extraño, mi

1. En el metro de Madrid.
2. Por encima de todo / agradezco a la ciudad / esta sensación de extraña.
3. Que nuestras palabras son más nuestras cuando tienen también otros dueños.
4. Nuestras palabras necesitan testigos, / necesitan alguien que oiga nuestras preguntas, / nuestras peticiones, / también nuestros arrepentimientos.

presencia curiosa le hace expandir sus brazos en una rebelde aproximación. El idioma ha hecho travesías inmensas para ir de mi calle diaria a otras lenguas como el català. Ambos idiomas comparten como correa de transmisión la influencia del occitano, hablado al sur de Francia y hoy en peligro de extinción. Tanto català como euskera han intentado contravenir esa fatídica muerte del occitano incluyendo en sus hablantes palabras que saltan de uno a otro mar. **Ganibet, krispeta, peril** o **pernil** son en català **ganivet, crispeta, perill** y **pernil.**[1] Incluso el monte Urgull que guarda la ciudad de Donostia no está nada lejos del **orgull**[2] catalán, la satisfacción que orgullosamente pide convivir y entremezclarse.

Desde que encontré esas palabras que clamaban avance, transito Martínez Izquierdo con más cariño, con mayor atención a cada posibilidad de designio. Las lenguas también ofrecen eso: andar a la búsqueda, desear junto a alguien en su misma posición. El poeta Julen Apella escribe que **jazza ez denean jazza maite dut / eta kontziente naiz traizio horretaz.**[3] Cuando Madrid es **Madril**, cuando somos lo extraño y en ello nos regocijamos encuentro en la poesía su pulsión más civil. Consciente y deseoso procuro esa traición.

1. Cuchillo, palomita, peligro, jamón.
2. Orgullo.
3. Cuando el jazz no es jazz me encanta el jazz / y soy consciente de esta traición.

Activar la escucha implica no discriminar lo que llega. Abrir los oídos puede arrastrar a gritos de la calle o a otros seres que siempre están ahí, a la altura de la tierra. Pide en un poema Nerea Arrien **entzun / astiro zahartu nahi ez duen aberea.**[1] El euskera es, sin duda, un gran oyente de los animales. Las lenguas demuestran su vínculo más afectivo con las plantas, los frutos y, por supuesto, con nuestros vecinos animados.

Empezando por los insectos, el euskera despliega una fuerte biodiversidad lingüística. Una libélula no es solo el pequeño clavo azul que sobrevuela la sombra de los arbustos, sino una **sorgin-orratz** o **mariorratz**, 'aguja de la bruja' o 'aguja de María'. Muy unido a la tradición católica, el euskera demuestra su paganismo en los seres más pequeños: para lo hermoso, brujas y vírgenes parecen ser indistintos sinónimos. Las luciérnagas, como en asturianu, son **ipurtargi**[2] mientras que las mariquitas pueden ser señoras rojas llamadas Katalina (**kattalingorri**) o abuelas con delantal colorado (**amona mantalgorri**). Asociar insectos a acciones o atributos humanos puede deberse a un fuerte antropocentrismo que nos hace explicarnos el mundo siempre desde nuestra medida bípeda, pero también demuestra una identificación con el insecto, un pacto entre un idioma y un ser pequeño para reconocerse en su condición.

Los mamíferos no son menos interesantes, su existencia está basada en la metáfora. No creo que deseen pertenecer al «reino animal». Esta expresión da por hecho que

1. Escuchar / un animal que no quiere envejecer lentamente.
2. Literalmente 'culo de luz'.

los animales, como algunas naciones desfasadas, se organizan por privilegios de sangre y un sistema de súbditos y monarcas. Los animales y sus nombres en euskera son una república de la imaginación. En ella, el ratoncito Pérez cede sus funciones en Bizkaia o Nafarroa al murciélago, que va por las almohadas trajinando con pequeños incisivos. Una canción popular dice: **saguzarra zaharra eroaizu hagin zaharra, ekarrizu barria, saguzar barregarria.**[1] Por otro lado, la comadreja es una **satandera**, que nace de la palabra **andere.**[2] Las nutrias se aproximan al pasado. Así, **igarana** significa 'pasado' e **igaraba**, 'nutria'. Ambas palabras cruzan con sus crías abrazadas al cuerpo mientras construyen madrigueras que son memoria.

Fuera de su jaula, la comuna de los pájaros. El primer contacto que tenemos la mayoría de las personas con el euskera es **Txoria txori**, la célebre canción cantada por Mikel Laboa y escrita por Joxean Artze. El axioma de que «el pájaro, pájaro es» (traducción literal del título) se complejiza y quiebra en la lengua. Pensemos en un imposible encuentro atemporal entre el griego clásico y el euskera: si cualquier esclava de Mileto viajase en jueves al mercado de Bakio, se produciría una milagrosa paradoja: para ella, un avestruz sería un gorrión. En euskera, los avestruces son **ostrukak**, mientras que el gorrión en griego es **struthio**. Al avestruz se lo llamó en latín *Struthio camelus* por su condición de ave y su tamaño similar al del camello. El euskera ha evolucionado esta metáfora hasta ver en el gigante avestruz lo que para Safo de Lesbos serían pequeños gorriones.

1. Viejo murciélago llévate mi viejo diente, tráeme uno nuevo, gracioso murciélago.

2. Señora.

Las aves en euskera han demostrado ser nutritivas como cerezas, una cereza silvestre puede llamarse **txori-gerezi.**[1] Lo demostró la mano de Irulegi, un yacimiento arqueológico de 2.100 años que contiene una inscripción en lengua vascónica, antecedente probable del euskera. En el municipio de Aranguren se encontró esta mano de bronce que lanzó a la comunidad científica y a Euskal Herria una palabra primigenia: **sorioneku.**[2] Esa fortuna, destino o azar de **zori** no está nada lejos del pájaro, **txori**, que designa con su vuelo los augurios. En Aranguren, a escasos kilómetros de Iruñea, solo un 3,47 % de la población hablaba euskera en 2018. Los últimos datos, todavía muy lejos de la normalización lingüística en el hogar del idioma vasco, triplican la cantidad de hablantes hasta el 9,7 %.

El azar siempre obra en conciencia. La posibilidad de volar y regresar es imparable para una lengua que escucha a sus pájaros, da la mano a los insectos y cruza como nutrias el recuerdo. Para el euskera, el augurio está lleno de hallazgos y seres que salen del cautiverio y los baldíos. Años antes de descubrirse la mano de Irulegi, con profecía de gorrión o avestruz, Tere Irastortza escribió: **hizkuntzak etorkizuna asmatzen duela zoriontasunarekin.**[3] El futuro con pájaros se inventa.

1. Literalmente 'pájaro cereza'.
2. De buena fortuna.
3. El lenguaje inventa el futuro con su felicidad.

## Durango

Joseba Sarrionandia es uno de los poetas en euskera que más me emociona. Su vida no ha estado exenta de complejidades y alejamientos: tras pasar varios años en cárceles de Cádiz, Madrid y Euskadi, escapó de la prisión de Martutene en 1985 y permaneció exiliado hasta 2021, año en el que regresó a Durango. En más de tres décadas fuera de Euskal Herria, Sarri ha traducido decenas de poetas al euskera, ha escrito en portugués y, como declaró él mismo a la prensa, ha mirado la luna. Al hablar de la identidad nacional, escribe: **Estatu tekniko bat utzi eta ikurrinak / sukaldeko trapu bihurtuko ditugu, // gure herriak izatearenekin batera / ez izatearen abantailak izateko.**[1] Las luchas de los pueblos por su autodeterminación –legítimas e intrínsecas en un Estado como el español– no deberían repetir los mismos errores ultranacionalistas del españolismo. La gracia tal vez esté, como piensa Sarrionandia, en usar nuestras banderas como trapos de cocina, hacerlas útiles para secar los platos que chorrean. **Aberria**[2] en euskera recuerda a 'avería': una patria debe contribuir siempre a ser una convención cómoda para quienes la construyan y no una rotura que requiera de fontaneros, electricistas y operarios más que de poetas, lectoras o maestras.

Sin ser euskaldún, lo más cabal que podría hacer es callarme. Desde Madrid hablamos, discutimos y pregonamos lo que debe ser Euskal Herria, Catalunya o Galiza, a lo que cabría precisar una idea: el derecho de pensamiento

1. Nos conformamos con un estado técnico y convertiremos / nuestras banderas en trapos de cocina, // para que nuestro país tenga, junto con las de existir, / las ventajas de no existir.

2. Patria.

–universal e inalienable– no es necesariamente derecho de expresión, o no supone que tu opinión tenga peso y sea tomada en cuenta. Con muchos temas se incurre en este error categórico: cualquier paisano puede opinar, claro que sí, sobre una ley de derechos trans, el aborto, la comunidad LGTBIQ+ o el feminismo. Pero será natural que una visión no constructiva, desconocedora de esa realidad como aliado o como sujeto, vaya al contenedor de la irrelevancia. En las cartas, puede tomarse uno la libertad de pensar en alto. Y a ti, euskera, que me has vitoreado y me has nombrado tantas veces, te escribo ideas seguramente frágiles, tal vez innecesarias, cargadas de humildad.

Creo que la mejor patria que alguien podría desear es, como en un poema de Hedoi Etxarte, aquel país donde contener **gu bat / bizitzaren erdialdean guadenona.**[1] Un país de nosotros, de todos los que han defendido y vivido unas palabras propias, una identidad que no era dominante, ni fácil, ni poderosa. Euskal Herria significa el 'pueblo del euskera', mientras que Euskadi surgió a partir de la expresión **euskal** y el sufijo **-di.**[2] Me interesa un pueblo que no se congrega en torno a su producto interior bruto, sus fundiciones o su economía, sino alrededor de su lengua. Esa es una buena diferencia entre un grupo de accionistas y un país. El país es del euskera y de quienes lo han ido ensanchando a través del lenguaje, como también recuerda Hedoi Etxarte: **1913an jaio zen Emiliano Echarte Aguinaga, / Elortzen. Iruñean 2005ean hil zenean / Etxarte Aginaga deitzen zen.**[3]

1. Un nosotros / de los que estamos en el centro de la vida

2. Junto al euskera.

3. Emiliano Echarte Aguinaga nació en / Torres de Elorz en 1913. Cuando en el 2005 / murió en Iruñea se llamaba / Emiliano Etxarte Aginaga.

El euskera usa inteligentemente la palabra **sekula**, que puede significar 'siglo' o 'nunca'. Hay nuncas que duran siglos, tiempos inconmensurables de negaciones que cambian su paisaje pero mantienen una idéntica tensión. Un dicho en euskera recogido en el siglo XVI dice que **jaunen hotua oy da aguindua.**[1] Con fórmulas más o menos agradables, quien manda acaba por imponer su voluntad; el euskera y su país son conscientes de ello.

Por sinonimia, las lenguas de los cetáceos parecen haber sufrido una historia similar. Euskal Herria fue de los primeros pueblos en cazar ballenas, y llegó a ser la referencia mundial en esta actividad ahora felizmente impensable. En el siglo XIII, los sellos de Bermeo, Lekeitio, Biarritz, Hendaia o Getaria lucían hermosas ballenas que dieron sustento a muchas generaciones de familias pescadoras en todo el territorio. Los pequeños barcos llegaron ya en la Edad Media a Islandia, adonde regresarían una y otra vez. Tal fue el contacto con la población autóctona que surgió una lengua cruzada que fusionaba el euskera con el islandés y otras lenguas de pescadores como el inglés o el francés. En el siglo XVII, se escribió en Vestfirðir –al noroeste de la isla– un vocabulario de equivalencias entre ambos idiomas. Un tesoro tan grande como un cetáceo: una lengua de pesca, en erupción como la tierra donde nacía. En el llamado pidgin vasco-islandés diríamos, por ejemplo, **Christ Maria presenta for mi balia, for mi presenta for ju bustana**, que en euskera actual sería **Kristok eta Mariak bale bat emango balidate, buztana emango nizuke.**[2] De nuevo, a millas de distancia y bajo una sociedad profundamente católica, latía la predilección por la

1. El ruego de los señores suele ser mandato.
2. Si Cristo y María me diesen una ballena, yo te daría la cola.

herejía y lo apócrifo. Cristo y María no daban ballenas, esa era tarea de pescadores que malvivían en penosas condiciones.

Si la cola era la parte más ruda del animal, las lenguas de ballena eran consideradas absolutas exquisiteces. Por eso, en los puertos vascos la Iglesia solía demandar como tributo o impuesto esa parte del animal. En 1498, los balleneros de Lapurdi se opusieron a entregar la lengua a la catedral de Baiona. Las herederas de esos pescadores siguieron diciendo que no a ceder la lengua a otras instituciones igualmente interesadas en usurpar lo más apetitoso y selecto de un país.

La patria de la lengua es aquella que, como en euskera, tiene unas fronteras volátiles. Posee **hegoak**[1] con las que desentenderse de los márgenes que acaban siendo jaulas, tanto en el euskera **kaiola**, como en su equivalente gallego **gaiola** o en el vecino català **gàbia.**[2] Posee los beneficios de ser y la poética necesidad de no ser. Se diluye contra un modelo uniforme de nación, aquel que tanto daño ha hecho a las inmensas minorías: desde las madres solteras en el franquismo, los trabajadores en las fábricas de automóviles, a los que pedían pan, lengua, libertad o independencia.

En Durango, donde vive Sarrionandia, también reside la poeta Leire Bilbao. En un poema, Bilbao asegura: **zorionekoak / zein mundutan bizi garen zehazki ez dakigunok.**[3] Afortunadas todas las que desean una patria más que una avería, afortunados los que después la guardan en

1. 'Sures' y 'alas'.
2. Jaula.
3. Afortunados nosotros / que ignoramos exactamente qué mundo habitamos.

el cajón profundo de los trapos y miran la luna, afortunada toda aquella persona que nunca cede la lengua que tanto esfuerzo ha costado y la ensalza, como alimento, para su tribu.

Zugarramurdi

Ángela de Blas, natural de Iturritza: exorcizada en 1729 por albergar en su cuerpo seis legiones de demonios. Juana Josefa Goñi, vecina de Donamaria: fusilada junto a sus hijos en la sima de Legarrea en el verano de 1936. La madre creía en los antiguos dioses, no pisaba la iglesia los domingos, era curandera y empleaba plantas del monte. Su cuerpo fue exhumado setenta y un años después. Estefanía de Petrisancena, navarra: muerta en prisión en 1610 antes de su auto de fe; nunca confesó ser bruja.

La condición de hereje no solo se impone contra una lengua, sino contra sus hablantes más oprimidas. En marzo de 1611, la Inquisición afirmó que, entre los 390 vecinos de Zugarramurdi, había 158 brujas y otras 124 sospechosas de serlo. En toda Navarra, se delató a 1.500 hechiceras y se dudó de otras 1.300, cometiendo exorcismos, violaciones, quemas y asesinatos hasta el siglo XIX. Pasado por el tamiz del fascismo, muchas otras mujeres cargarían con el sambenito de la brujería, genial excusa para sembrar fanatismo y erradicar lo incorrecto.

La violencia contra las mujeres es tan atávica como la estructura que la ampara, el patriarcado. Muchas de ellas también han sido consideradas, en cierto modo, malas hablantes, portadoras de una lengua prohibida. En el siglo XVII, un inquisidor de Iparralde aportaba la siguiente razón científica para explicar la presencia de mujeres heresiarcas en Euskal Herria:

> Es un país de manzanas: las mujeres no comen más que manzanas, no beben más que zumos de manzana, y por ello ofrecen con tanta frecuencia un mordisco de la manzana prohibida.

Según este solvente pensador, los hombres debían beber limonadas y comer rábanos, pues la manzana parecía endemoniar solo a las campesinas, curanderas, viejas o muchachas. No es casualidad que la nuez de la garganta en euskera sea precisamente **zintzur-sagarra**, 'manzana de la garganta'. Tal vez el delito, una vez más, esté en la garganta, en lo que se habla, en esos lenguajes de lo posible que atacan al uniformismo del poder. Las mujeres en Euskal Herria, lejos de amedrentarse, han sido las principales mantenedoras del euskera y la tierra. El embudo en marcha de la historia genera víctimas, pero también rebeldías imborrables. Como escribe Amaia Lasa, **besterik ez bazen ere / ausardiaz betetako bizitza / egitera / abiatu nintzen.**[1]

En la literatura oral previa al XVI, eran muy comunes las **eresiak**, una especie de endechas escritas y cantadas por mujeres en euskera. Además de ser las portadoras de la poesía, también fueron en la tradición vasca las herederas y propietarias de los terrenos, los caseríos o los prados. Las herencias se legaban por vía femenina, pues en ellas recaía todo el peso cotidiano de la vida. Una de las **eresiak** más famosas es la de doña Milia de Lastur, oriunda de

1. A falta de otra cosa / me encaminé / a hacer una vida / llena de coraje.

Deba. Al morir Milia en un parto, su marido aprovechó para mantener otra relación sin respetar a su difunta esposa, por lo que la hermana de Milia escribió unos versos memorables. En uno de ellos se pregunta: **zer ete da andra erdiaren zauria? / Sagar errea, eta ardoa gorria.**[1] Una vez más, parecía pesar la manzana del pecado en el cuerpo de Milia y en su hermana, que lloraba este poema. Siglos después, la poeta Miren Agur Meabe rememora un hito en su escritura: ser la primera poeta en nombrar al 'clítoris' en euskera. Más concretamente, **euri ari nire klitori gainean.**[2] Imitando la cruel pregunta de doña Milia, Miren Agur Meabe volvió a morder con convicción la manzana: **Zein ote da ahoisilaren zoria? Legedia eta azal horia.**[3] Una boca callada está siempre sometida; bien desde su género, su clase o su lengua. Por eso todo lenguaje –toda asunción de la identidad– es un valor que expande y aumenta el pensamiento. Feminismo y euskera se juntan en esa necesidad de interpelar a la manzana para celebrarla. Tal vez por eso la antropóloga Mari Luz Esteban escribe: **ezinezkoa dirudiena ahalezko bihurtu ohi du feminismoak, ontologia berriak sorraraziz eta aitortuz etengabeko ariketan.**[4] En lo que inventa está, sin duda, el idioma propio.

El euskera es una lengua que no distingue por género salvo en contadas ocasiones. Así, son pocas las palabras que organizan el mundo desde el paradigma binario. Además de miembros de la familia, hay excepciones como **errege/**

1. ¿Cuál es la herida de la mujer parida? / Manzana asada y vino rojo.

2. Llovía sobre mi clítoris.

3. ¿Cuál es el sino de la boca callada? Las ordenanzas, la piel ajada.

4. El feminismo hace posible lo imposible, en un ejercicio constante de reconocer e inventar nuevas ontologías.

**erregina,**[1] **jaino/jainkosa**[2] o **maisu/maistra.**[3] Abolir la distinción de género y sus consecuentes clichés y constructos culturales es una de las grandes grietas por las que circula el debate y la reflexión de nuestro tiempo. El euskera lleva varios miles de años ofreciendo esa posibilidad, un idioma donde el género que otorga la convención social no es esencia de ningún ser, no es fundamental para nombrarlo. La poeta Itxaro Borda –una de las voces más reconocidas de Iparralde– cuenta en un poema cómo su madre hubo de enseñar el género de las cosas a sus hijos en francés, introduciendo en la ecuación dos variables: binarismo y lengua dominante. A la vez que Borda debía aprender francés para no ser discriminada por el profesorado o los compañeros de colegio, tenía que empezar a clasificar el mundo en una curiosa distribución de las plantas, los utensilios, los sentimientos o la comida en dos orillas opuestas. En «Amaren irria»,[4] la poeta narra esa doble inoculación que recibió, como tantos vascófonos, en la infancia:

> **Oroitu niz haurreko udaren beroaz,**
> **Etxepeko errekan zagon uharteaz,**
> **arratsalde lainotik amak generoaz.**
> **Eztiki eman zaukun irakats arteaz.**
>
> **Mahaia feminino, hatsa maskulino:**
> **frantsesa jakin behar duzie lehenik,**
> **euskaraz egin dugu beti oraindino,**
> **ez dut nahi eskolan jasaitea penik!**

1. Rey/reina.
2. Dios/diosa.
3. Maestro/maestra.
4. La sonrisa de mamá.

Anaiak eta biok, mintzairaren zama,
Erdaraz deus ere ez ginuen ulertzen:
«Nola euntsiko gara besteekin ama?».

Isla higatu dela dena dut edertzen
baina ama zenaren irriak narama
generoen kontua dudala uhertzen...[5]

Cuando las hablantes de una lengua han sido perseguidas por inquisidores, rara vez sus palabras pretenden juzgar, disgregar la vida entre los valores morales de lo normal y lo anormal, lo masculino y lo femenino. El euskera tiene una deuda con las mujeres erradas que cantaron penas, mordisquearon fruta prohibida, trabajaron y cuidaron la lengua en los rincones más secretos. Gracias a ellas, hoy el euskera observa y describe el mundo de manera particular y revolucionaria. Una lengua sin género, que nos hace salir de marcos aparentemente indestructibles, una lengua que propone otra definición de las cosas.

Junto a Ángela, Juana Josefa o Estefanía, el euskera con vocación de manzana debe ser una lengua de brujas.

5. Me he acordado del calor del verano de la infancia, / de la isla que estaba en el arroyo bajo la casa, / de la lección sobre género que nos daba por la tarde con dulzura y en calma nuestra madre. // La mesa femenino, el aliento masculino: / desde el principio debéis saber francés, / hemos hablado euskera hasta ahora, / ¡no quiero sufrir penas en la escuela! // Mi hermano y yo tenemos el peso de la lengua, / no entendíamos nada en francés: / «¿Cómo nos relacionamos con los otros, mamá?». // Ahora que se ha erosionado la isla lo embellezco todo / pero la sonrisa de lo que era mi madre me lleva a disolver / la cuestión del género.

El judaísmo ha sido una filiación cultural y religiosa acribillada durante milenios. Este hecho no otorga un ápice de legitimidad al genocidio indiscriminado que el gobierno de Israel ejerce desde 2023 sobre la población palestina y que está lejos de acabar. Al igual que las lenguas, la identidad o la religión no están exentas de secuaces que minan desde dentro los propios preceptos y la naturaleza pacífica de lo hebraico. Los sectores conservadores del Estado español –herederos de una historiografía católica o de una dictadura antisemita– hoy claman a favor de lo que llaman «pueblo judío», que para ellos se resume en una peña de exaltados racistas y sus profundos vínculos con la hegemonía estadounidense. Así sucede también en la Argentina de Javier Milei, la Francia de Marine Le Pen o en tantos otros contextos donde la extrema derecha hoy se cubre con la kipá. El judaísmo es mucho más que esa minoría de simuladores; son los cien mil sefardíes expulsados de su tierra natal en 1492, el pensamiento de Simone Weil, Walter Benjamin, el desarrollo del marxismo o la palabra de Allen Ginsberg y Natalia Ginzburg. El cuidado de unas palabras antiguas y su pervivencia, como en el caso del euskera. El judío anónimo –laico o confesional– ha sido chivo expiatorio de forma incesante a lo largo de la historia. Esa itinerancia siempre en vilo llevó a Gabriel Aresti a escribir con algo de sorna **euskeraren asturua / ezta gauza segurua: / askozaz hobekiago / dabil munduan judua.**[1]

Como todas las lenguas, el euskera no escapa a los tin-

1. El futuro del euskera / no es nada seguro: / mucho más seguro / camina el judío por el mundo.

tes antisemitas en su vocabulario. Por ejemplo, **sudurluze**[1] significa literalmente 'nariz larga', vinculando las actitudes entrometidas en el cliché anatómico. Euskal Herria tampoco fue ajena al odio contra los judíos en el siglo XV; años antes del edicto de expulsión en 1492, las familias residentes en la judería de Balmaseda, en Bizkaia, fueron desterradas de forma violenta. Sin embargo, miles de judíos expulsados de Castilla se refugiaron en Nafarroa, donde la expulsión no fue efectiva hasta 1498. Desde allí, un gran número de sefarditas pasaron a Lapurdi –provincia costera de Iparralde–, y se congregaron a las afueras de Baiona. Por imposición, pasaron a vivir en el barrio de Santizpirita, en la otra orilla de la ciudad. La lengua que ha vivido extramuros sabe acoger esta huida, en los versos de la poeta Isa Diaz: **Beste koordenatuetan eraiki beharko / mundu berria / aterik gabeko bideak / zabalduko dizkiguna.**[2]

Una y otra vez la comunidad judía construiría sus coordenadas, diseminando tradiciones, refugios donde guarecerse del rechazo. En el siglo XX, miles de judíos cruzarían el río Bidasoa en sentido inverso, hacia la península, para huir durante el Holocausto a países del continente americano gracias a las redes clandestinas antifascistas.

Los sefarditas de Baiona encontraron en el mar y el comercio una forma de subsistencia. Este vaivén fue el que trajo y popularizó la producción y la venta de chocolate en Europa, que por su llegada en barcos herejes era considerado como bajo e inmoral. Gracias a esa incomprensión ignorante, las familias de judíos euskaldunes se especializaron en uno de los dulces más importantes de nuestra vida.

1. Cotilla.

2. Habrá que construir en otras coordenadas / el mundo nuevo / que nos abrirá / caminos sin puertas.

De los pasos del destierro crearon para todas las clases sociales una confitura, el gesto delicioso de quien subvierte los dolores en manjar colectivo.

En los últimos años del régimen franquista, la cantautora y escritora Lurdes Iriondo fue una de las integrantes del grupo **Ez dok amairu**,[1] una propuesta de renovación cultural que reivindicaba la lengua propia de Euskal Herria. Su compañero y poeta Xabier Lete tradujo un canto judío al euskera, que ella interpretó bajo el título «Nere herria».[2] En cualquier ikastola, en las clases prohibidas de euskera a las que acudían vecinas y vecinos por las noches, en las cárceles o en las plazas, fue sencillo empatizar con el desgarro y el sabotaje de un pueblo. Iriondo cantaba: **nere herria, nere herria / maite dudalako / askatasun argia itzali dute neretzako.**[3] Mala idea es apagar la luz de la libertad, peor aún soplar el candil de la memoria. El recuerdo no es nunca sencillo ni unívoco; requiere de complejidad, matices, desviaciones y convicciones disfrazadas según la época, el discurso o la visión. Igual que con el euskera, la dificultad no debe ser nunca razón para menospreciar, desoír o querer solapar una realidad. En tiempos de genocidio es tan paradójico como imprescindible recordar a esas familias expulsadas que frente al fanatismo religioso fundaron la dulce dinastía del chocolate.

1. En su traducción literal, 'No hay trece'.
2. Mi pueblo.
3. Mi pueblo, mi pueblo / porque lo amo / me han apagado la luz de la libertad.

En ocasiones parece que el hablante de euskera necesita un doctorado en sociolingüística para poder emplear su idioma con naturalidad. Que sepa defender su lengua, que tenga argumentos filológicos, científicos e históricos. Se pregunta por qué alguien habla euskera en el barrio bilbaíno de Errekalde, pero sería impensable pedirle a alguien de Toledo explicaciones sobre el uso del castellano en su vida diaria. Incluso con la mejor de las intenciones, los escritores y los poetas euskaldunes deben contestar más de una vez en su vida por qué escriben en su lengua. Más allá de la conciencia política, la decisión estética o el postulado civil hay algo inefable, no concreto en nuestras lenguas maternas. Las hablamos, sin más, como relata Bernardo Atxaga:

> **Haurtzaroko aldi labur batean hizkuntza erabat arrunta izan zitzaidan euskara. Ez nuen hari buruzko iritzi edo, gerora maiz bezala, kezkarik. Aitari eta amari atta eta ama deitzen nien, euriari ebi edo eguzkiari eguzki deitzen nien bezala, eta horretan erabakitzen zen dena, pertsonak eta gauzak izendatzeko modu «betikoaren» erabileran. Alde horretatik, Irazune nire etxean sortutako ume guztien parekoa nintzen; haiek ere, XX.garren mendean bezala XIX.ean edo XVIII.ean, atta, ama, ebi eta eguzki esan izan baitzieten aitari, amari, euriari eta eguzkiari.**[1]

1. Durante un breve periodo de mi niñez el euskara fue para mí una lengua completamente normal. Carecía de opiniones sobre ella, y su futuro no me preocupaba. Llamaba a mi padre y a mi madre **atta** y **ama**, igual que llamaba **ebi** a la lluvia y **eguzki** al sol, y a eso se redu-

Esta sería una situación idílica y utópica entre los hablantes de una lengua minorizada: vivir, reír, comunicarse sin problemas fomentados por una situación crónica de diglosia. Para el hablante de euskera esta situación es compleja de alcanzar. Quien hoy mantiene la lengua en las ciudades –espacios intervenidos por los medios de comunicación, las tecnologías y el turismo– lo hace desde una convicción. En cualquier caso, una escuela pública de calidad y unas políticas encaminadas a la normalización han hecho que la mayoría de los jóvenes tengan acceso al conocimiento del euskera. El enfoque está en sus usos, las tendencias, los lugares cada vez más tenues y diluidos en un par de saludos, dos frases y una conversación en castellano. Este contexto es ya mucho más positivo que el de las generaciones de dictadura que no pudieron aprender la lengua. La parábola retuerce los sentidos: no saber euskera parece natural mientras que el hablante materno debe estar dispuesto a dar razones y argumentos en cualquier taquilla, tienda o situación cotidiana. Lo anómalo, la salvedad desgraciadamente numerosa son aquellos nombres vascos que no han tenido acceso a su lengua, que andan desdibujados entre el idioma de sus padres o su entorno y una imposibilidad que aleja lo más íntimo. Blas de Otero, bilbaíno, se refería a esta situación tan común y dolorosa en el poema «Euskara egin dezagun»:[1]

---

cía todo, a nombrar personas y cosas con las palabras de siempre. En ese sentido, en nada me distinguía de los niños que en el pasado habían nacido en mi casa, Irazune: también ellos, lo mismo en el siglo XX, que en el XIX o en el XVIII, habían dicho **atta**, **ama**, **ebi** y **eguzki** cuando querían referirse al padre, a la madre, a la lluvia o al sol.

1. Hablemos euskera.

> Al nacer, lo primero que hicieron fue cercenarme la lengua. / Me dieron el cambiazo. / Yo provengo del valle de Orozko y del Duranguesado. / Tenía perfecto derecho a disponer del idioma de mis antepasados. // El que oía a mi abuela en los manzanos y cerezos de la huerta.

Como Otero, son miles los habitantes de Euskal Herria que vieron usurpar su lengua del mapa de lo posible. Miles los que ni siquiera eligen ni deciden, poseen el hueco enorme del idioma extirpado frente a un castellano en ocasiones impreciso, nublado, transmisor de aquello que se está intentando decir con otras palabras bien distintas. Ahora esa generación ve a sus nietos hablar de nuevo euskera, a sus hijos aprenderlo de jóvenes y al porvenir dar algún tímido paso hacia esa necesaria restitución. Ernestina de Champourcín, nacida en Gasteiz, nunca supo euskera. En castellano escribió que «otros siguen caminos que nadie les señala». Cruzó la frontera a Francia en 1939, vivió abocada al exilio, regresó a un país donde nadie la conocía. Una mujer que sigue los caminos que nadie señala es también una hablante robada de su posibilidad de entender, producir y, sobre todo, disfrutar una lengua propia. Se suma a la lista Ángela Figuera Aymerich, poeta fundamental de la generación del 50. Desde Bilbao y en castellano decía: «a la orilla del río, en una orilla, / miro la otra». La poesía siempre ha sido una visión respetuosa con su otra orilla. Estos versos, como miles de vidas, poseen el anhelo y el hambre de ese idioma desraizado, el camino sin señalar, la visión que ensancha los márgenes fluviales hasta juntarlos. La poeta Izaskun Gracia Quintana acompaña esta reflexión de las orillas: **beste hizkuntza batzuez amesten dut esangaitzarekin / existitzen ez denaz**

**jabetzen naiz eta zoramenduaren ertzean eraikitzen ditut munduak.**[1]

Esta imposibilidad de la lengua robada se percibe en los loros. *Dendaostekoak*[2] es uno de los libros que más me ha ayudado a entender y apreciar Euskal Herria. Uxue Alberdi cuenta aquí una anécdota sobre su municipio natal, Elgoibar:

> ***Loritoneko aldapa*** **izena du orain King Kongen aurreko kantoiak. Hasieran isilik egoten zen, baina laster hasi zen hizketan eta txistuka. Entzuten zuena ikasi zuen: ez zekien euskaraz.** «¡Borracho!», **esaten zuen,** «¿ya has pagao?, aupa Elgoibar, maricón».[3]

Frente a las inseguridades estrafalarias de quien piensa que el castellano se desvanece en la Comunidad Autónoma Vasca o en Nafarroa, frente a los que vaticinan el peligro de extinción de la tercera lengua más hablada en el mundo, un loro destroza cualquier posible argumento. El ave habla lo que escucha, el insulto, la homofobia o el fútbol. Ante todo, demuestra qué lengua se impone en la conversación diaria. Esta realidad sociolingüística no ha parado a los nuevos hablantes o **euskaldunberriak**. Muy por el contrario, la movilización popular y el compromiso de quienes no hablaban pero querían dar a sus hijos esa herencia

1. Sueño lo indecible en otras lenguas / me adueño de lo que no existe y construyo mundos a la orilla de la locura.

2. La trastienda.

3. Ahora al cantón de enfrente del King Kong se le llama La cuesta del lorito. Dicen que el loro al principio no decía ni mu, pero pronto aprendió a hablar y a silbar. Aprendía lo que escuchaba: no sabía euskera. «¡Borracho!», decía, «¿ya has pagao?, aupa Elgoibar, maricón».

ha revitalizado el idioma en toda Euskal Herria. Ejemplo de este movimiento son la madre y la tía de Uxue Alberdi, protagonistas de la novela. Ambas formaron parte de las **gaur-eskolak**, las escuelas nocturnas –muchas veces clandestinas– donde se formaban los adultos que querían reaprender su lengua. A Izaskun y Marijo les llegó la lengua por su esfuerzo. Eso no impide, como escribe Alberdi, mantener cierta inseguridad con el euskera, confundir la seria **legea** con la **lixiba.**[1] Mucho más preferible el titubeo de una lengua adquirida que el silencio de unas palabras robadas. En la mercería de Izaskun y Marijo, Pitxintxu, los libros empezaron a ganar espacio a las telas y los botones, especialmente aquellos escritos en euskera. Entre 1979 y 2019, la autora calcula que esta mercería-librería de Elgoibar habrá vendido más de 30.000 libros en euskera. El municipio tiene una población de 11.500 personas.

Claro que es posible restituir la aniquilación y las talas. Te admiro y hablo contigo, euskara, por esa resistencia demostrada en tantas ocasiones. Por saber huir de los silenciadores oficiales dejando un pañuelo atado a las ramas. Una ofrenda que nos hace ver que sigues, que estás, que pronto bajas a comer caliente y no tardará el día de salir a la plaza.

Uxue Alberdi dice en su novela que **batzuetan hitzek erakusten dizute zerbait lehen ikusten ez zenuena, hitzak erakusten dizu toki bat eta zu toki horretarantz zoaz.**[2] Tus palabras, euskera, me enseñan la belleza y su encargo mayor que cualquier traba, periodo o dictamen. Tus pala-

1. Desde el castellano y *a priori*, un hablante podría intuir que lejía se dice **legea**. Sin embargo, esta palabra significa 'ley'.

2. A veces las palabras te enseñan algo que antes no veías. La palabra te indica un lugar y caminas hacia allí.

bras me enseñan a confiar en un pueblo que cuida, en mercerías tomadas por los libros, en chocolate, abolición del género o pájaros de sal. Y no sé conjugarte, desconozco todavía tu cuerpo de cetáceo poniéndose en marcha. Pero, **euskara maitia**, el aprendizaje es fascinante e infinito. Con atención te busco por todas mis calles.

# POSDATA

Getafe

Es de noche. No ves nada, pero no precisas mirar. La grava, charcos, fuentes y arbustos de sobra conocidos por tus pies. Breogán estará en algún lugar ignoto, masticando hierba a escondidas u oliendo trozos compactos de tierra. Has sacado a pasear a tu mastín al Parque de los Patos y tienes las manos congeladas en los bolsillos. Algo interrumpe esa débil madriguera. Enciendes el teléfono, abres el navegador. Quieres buscar la conjugación del verbo **ouvir.**[1]

Desde los catorce a los dieciocho años, Breogán y tú habéis paseado por el barrio. Los recorridos más largos llegaban al final del día; dos seres de cincuenta kilos avanzaban hacia aquel espacio invisible y solitario. Durante mucho tiempo, esos fueron tus mayores y únicos encuentros con las lenguas. Después llegarían las amistades, los amores hablantes que traían consigo idiomas pequeños, doblados con la exacta ternura con que los pobres guardan chistes. Sin embargo, las primeras conversaciones en català o

1. Oír en galego.

galego, la música en euskera y los poemas en asturianu llegaron con las sendas donde Breo y tú erais vigías de una presencia y un deseo.

Nada más hermoso que ese teatro, la escarpada ascensión por el lenguaje nuevo, las circunvalaciones que evitaban el verbo desconocido, la palabra titubeante. En ocasiones lo procurabas, sabiendo que cometías un conjuro, que al **cel blau**[1] le llamarías **cel asul** y a los **ànecs**[2] huidizos cuando Breogán ladra, **pats**.

Con el tiempo, comprarás un libro en Baiona: querrás hacerlo en euskera. Se iniciará un diálogo con un **arratsalde on**[3] a sabiendas de que hasta **txartelarekin, mesedez**[4] hay un abismo en el que fácilmente puedes caer. Con ansia querrás caer, conocer una variante más de la conversación. Entrarás a una librería como tantas veces has hecho, pero el acercamiento, el idioma, el ímpetu de formular serán radicalmente distintos.

Irás a una cafetería de Xixón, en la barra el camarero habla asturianu con una vecina. No querrás romper ese milagro en ningún caso. Entiendes que presencias un advenimiento de lo que tantas veces se ha menoscabado con violencia.

Y ahora, frente al estanque, cuando no han llegado las personas ni apenas los libros, dialogas en voz alta contigo desde una distancia que te acaricia. Lo haces como quien escribe poesía, toca el violonchelo o apunta formas de nubes en su diario. Sin mayor razón que el placer de pasar largas horas hablando. Breogán a veces te observa, luego se ale-

1. Cielo azul en català.
2. Los patos.
3. Buenas tardes.
4. Con tarjeta, por favor.

ja a lo oscuro. Disfrutas, estás acompañado, anhelas un interlocutor a quien le mostrarás estas palabras como un diente de león. Un estornudo imprevisto soplará las cipselas, ingrávidas y no demasiado blancas. Tú no buscas la albura, no pretendes la pureza. En el parque las palabras te ensucian como a Breo el barro de los descampados.

Es de noche. Has soñado que alguien te envía una carta. Has imaginado la confusión de los huéspedes dando la bienvenida y las gracias, confusos en su quehacer. Te has deshecho de una vida monolingüe. Nadie te lo exige, también sabes que no salvas nada. Ni puedes ni quieres salvar nada. No juegas con las palabras para compadecerlas, no vas a sacarlas de ninguna miseria. Lo mísero es decir el mundo, llamar a Breogán con una sola forma, una estructura globalizada, hegemónica. El Parque de los Patos de Getafe no es globalizado ni hegemónico; algo te pide emplear palabras consecuentes.

La carta se entrecorta, repite con seductora torpeza tu nombre, se mece entre muchos pájaros. Comienzas una correspondencia. Ella siempre acude en forma de sílabas, etimologías, herencias. **Ti, atento, ouves.**[1] No das voz a nadie, escuchas las voces que ya anuncian su canto. No das voz: gozas voces, dialogas, las mimas. A la mínima audición, las lenguas otras te besan la frente, abrazan tu pecho.

Hay una sola cosa que puedes dar, las gracias. Agradeces al escribano de los quesos, la vecina de Pradela, el autobusero que te ha dicho **bon dia** y la marabunta de seres que van trenzando el nuevo lenguaje. Gracias a las palabras que han entrado en tu castellano: **daquela**[2] galego, **a**

1. Tú, atento, oyes.
2. Por entonces.

**vore**[1] valencià, **prestar**[2] asturianu, **laztana**[3] euskaldún... Agradeces a todas las personas que te han abierto su lengua cuando tú fallabas, los labios que te han enseñado las formas irregulares del discurso. Agradeces a tus padres, monolingües y madrileños, que ahora dan las **gràcies**[4] o piden un **café con leite.**[5] Gracias a tus abuelas, que te escuchan de madrugada en la radio recitando algo ininteligible en un idioma inexplorado. Gracias a los libros, las traductoras y los que sacan la lengua ante el abotonado ímpetu de un mundo que clausura más que expande.

Sigue siendo de noche, sabes que no estarás nunca solo. De niño escribiste: «mira bien el mundo quien mira con ojos de poeta». Ahora hablas más el mundo, lo haces con visión poética. Contemplas, con templas, observas tu alrededor como se vislumbra un templo, espacio laico de las resistencias, la lucidez.

Alguien te enviará una carta. Tú recitas y cantas y pruebas. Sabes que tu sino no será cazar elefantes, abrir minas de litio, privatizar, violentar. Tu mirada está ya en otro lado. Con tacto escuchas, agradeces, te sumerges.

Breo te mira, es de noche.

**Gracias, grazas, grazias, gràcies, gracies, eskerrik asko.**

Regresáis a casa.

Todo, poderosamente, ha cambiado.

1. A ver.
2. Gustar.
3. Cariño.
4. Gracias en català.
5. Café con leche en galego.

ÍNDICE


Querido castellano . . . . . . . . . . . . . . . . . . . . . . . . . 9
Benquerido galego . . . . . . . . . . . . . . . . . . . . . . . . . 33
Quiesto aragonés . . . . . . . . . . . . . . . . . . . . . . . . . 63
Benvolgut català . . . . . . . . . . . . . . . . . . . . . . . . . 73
Planvolut aranés . . . . . . . . . . . . . . . . . . . . . . . . . 105
Queríu asturianu . . . . . . . . . . . . . . . . . . . . . . . . . 111
Queríu estremeñu . . . . . . . . . . . . . . . . . . . . . . . . . 145
Euskara maitia . . . . . . . . . . . . . . . . . . . . . . . . . 151
Posdata . . . . . . . . . . . . . . . . . . . . . . . . . 191